FAIRE DU CODING/GAMING SON MÉTIER

GROUPE Studyrama

Le groupe Studyrama, partenaire de votre avenir.

En tant qu'acteur référent du monde de l'orientation et de l'aide à la réussite aux examens et aux concours, **notre vocation est de vous accompagner et de vous conseiller** tout au long de votre parcours étudiant et professionnel.
Convaincus que **la formation est la clé de votre employabilité**, nous avons créé un écosystème pertinent pour vous aider dans les décisions déterminantes pour votre avenir :
• Chaque année, **nos 140 salons** permettent à plus de 500 000 jeunes de trouver la formation et l'établissement qui les mèneront vers la réussite.
• 4,5 millions de lycéens, étudiants et professionnels trouvent chaque mois, **sur nos sites web et applis**, les réponses à leurs questions grâce à des contenus d'experts sur l'orientation, la formation, les révisions, l'évolution de carrière, l'efficacité professionnelle...
• Nos ouvrages, rédigés par les meilleurs spécialistes, facilitent le choix d'orientation de nos lecteurs et apportent un soutien efficace dans la préparation des concours et des examens.
• Le service d'accompagnement sur-mesure de **notre réseau de conseillers d'orientation tonavenir.net** guide des milliers de jeunes afin qu'ils trouvent la voie du succès.

Notre démarche est fondée sur trois objectifs majeurs : fournir une information de qualité et actualisée, créer les rencontres décisives pour votre évolution et vous offrir les meilleurs conseils d'experts et services personnalisés.
Et comme **c'est ensemble que nous avançons**, nous sommes à votre écoute permanente pour optimiser nos produits et nos offres, afin d'être le partenaire de votre avenir à chaque étape de votre vie !

Pour découvrir l'univers de Studyrama :

Le site référent de l'orientation : studyrama.com
L'agenda de nos 140 salons : studyrama.com/salons
Nos conseillers d'orientation dans toute la France : tonavenir.net
Nos maisons d'édition : librairie.studyrama.com

Pour nous contacter : info@studyrama.com

SOMMAIRE

PARTIE IV
TÉMOIGNAGES

INTRODUCTION

Des eldorados, voilà ce à quoi les professionnels de ces secteurs comparent aujourd'hui les mondes du coding et du gaming. Entendez par là des activités en forte croissance, poussées par la démocratisation du numérique, avec des besoins qui paraissent infinis. La société d'aujourd'hui, et encore plus de demain, est et sera digitale. Ne manquent plus que les spécialistes capables de la faire fonctionner.

Dans ces conditions, et alors que la route vers l'emploi paraît en général semée d'embûches, ces deux secteurs semblent une voie idéale pour un grand nombre de jeunes. Une voie ouverte parce que les postes à pourvoir se comptent par milliers. Une voie également accessible à tous ou presque parce que les formations qui s'y sont créées se veulent pour la plupart ouvertes au plus grand nombre. Vous êtes bon élève ? Ces écoles vous accueillent à bras ouverts. Vous êtes plutôt fâché avec le système scolaire ? Le coding et le gaming font partie des environnements où la passion et la motivation comptent – pour l'instant – plus que le dossier scolaire. Vous êtes un adulte en plein questionnement professionnel ? Pourquoi ne pas tenter une réorientation du côté du développement informatique ou du jeu vidéo ? Vous y trouverez votre place car ces univers recrutent à tour de bras, et ils ont bien compris l'intérêt qu'ils pouvaient avoir à accueillir des élèves de multiples profils.

De l'école d'ingénieurs en cinq ans au bootcamp dont la durée n'excède pas quelques semaines, en passant par certaines écoles hypermédiatisées fondées par des entrepreneurs charismatiques, les modèles de formation sont nombreux. Tout un environnement professionnel émerge, qui n'existait pas ou peu voici dix ans. Avec des opportunités variées. Il ne reste plus qu'à en profiter.

PARTIE I

CODING ET GAMING, DEUX SECTEURS EN PLEIN ESSOR

1| CODER, QU'EST-CE QUE C'EST ?

La définition du coding ou du développement informatique peut varier selon les experts. Mais Benny Scetbun, directeur pédagogique France de l'École 42, en donne finalement une bonne approche : « *Le coding, que j'appelle moi la programmation, consiste à appréhender un outil digital comme une série de problèmes que l'on va ensuite découper en une série de petites situations, puis en de nombreuses plus petites situations, lesquelles appelleront dès lors une réponse très simple. C'est cette suite de carrefours décisionnels et de réponses qui aboutira à un programme informatique. Programmer, c'est fermer des portes, prévoir tous les cas possibles, et avancer.* »

« *S'il y a un fort essor du coding,* reprend Emmanuel Carli, directeur général d'Épitech et de la Web@cadémie, deux cursus très réputés dans le monde informatique, *c'est parce qu'il y a aujourd'hui un très fort essor de l'informatique en général. L'ordinateur est désormais perçu comme un très puissant outil d'optimisation, et son usage concerne absolument tous les secteurs d'activité. D'autant qu'il est devenu très facile de se connecter. Là où il fallait un ordinateur, un smartphone et un peu de 4G suffisent désormais. Tout cela crée des usages et des attentes clients qui poussent toutes les entreprises à s'adapter, de manière volontaire ou de manière plus ou moins contrainte.* »

2| DE TRÈS FORTS BESOINS EN JEUNES TALENTS

Il n'est plus un secteur aujourd'hui qui échappe au numérique. Autrefois cantonnée aux domaines « technos », l'informatique s'est insinuée au cœur des activités les plus traditionnelles. De l'agriculture à l'artisanat en passant par la formation et les transports, des pans entiers de l'économie se sont par exemple ubérisés, avec la pleine exploitation des possibilités offertes par le Web. La démocratisation du numérique et l'utilisation désormais permanente des nouvelles technologies ont poussé les entreprises à se transformer – on parle partout de transition numérique –, avec à la clé d'énormes besoins pour servir leurs clients avec des outils du XXIe siècle. Quelle que soit la définition que l'on donne du développement informatique, les besoins en codeurs/développeurs progressent à grande vitesse.

« *Attention cependant*, reprend Emmanuel Carli. *Un bon développeur ne doit pas s'en tenir à la stricte connaissance des langages de programmation… Le coding n'est qu'une activité informatique parmi d'autres. Et quiconque voudra coder devra aussi disposer d'un minimum de culture logicielle, connaître les architectures matérielles ou encore maîtriser l'algorithmique. Tout cela est indispensable pour bâtir des programmes fiables.* »

Et c'est bien pour cette raison que les établissements de formation se sont multipliés ces dernières années dans le domaine du coding. Des modèles très variés proposant pour certains des parcours de longue durée en trois voire cinq ans, alors que d'autres organisent des sessions de formation extrêmement courtes de quelques mois ou quelques semaines. Que l'on parle de codeurs, de développeurs ou de programmeurs, ces talents sont aujourd'hui rares au regard des besoins.

3| QUELQUES CHIFFRES SUR LE CODING

80 000 emplois vacants...

Le rapport « Automatisation, numérisation et emploi » du Conseil d'orientation pour l'emploi l'a pointé de manière très claire fin 2017 : il y a aujourd'hui en France un risque évident de pénurie de compétences numériques. Selon l'enquête, 80 000 emplois seront ainsi vacants en 2020. Le contexte d'embauche est donc particulièrement favorable aux techniciens et aux ingénieurs.

« En 2014, la France comptait environ 900 000 emplois de professionnels des technologies numériques d'après le rapport européen Empirica. Le volume de l'emploi pour ces profils a connu en Europe une augmentation moyenne de 4 % par an, dix fois plus rapide que l'évolution de l'emploi total au cours des années récentes.

Si une grande partie de ces emplois se trouve dans le secteur du numérique, ces professionnels travaillent aussi au sein des secteurs utilisateurs, comme l'industrie ou les services aux entreprises. D'après le groupe de travail Prospective des métiers et des qualifications, quelque 110 000 nouveaux emplois seraient créés dans les métiers des technologies de l'information entre 2012 et 2022. Dans un rapport de 2015, la Commission européenne estime pour sa part à 100 000 les créations d'emploi dans le numérique entre 2012 et 2020 en France. Cette demande concernerait en majorité des profils qualifiés.

[...]

L'écart entre l'offre et la demande de compétences numériques et scientifiques expertes est significatif et va croissant (les estimations d'offres d'emploi non pourvus s'élèveraient à 60 000 en 2017 et 80 000 d'ici 2020).

[...]

Résorber cette pénurie constituera un enjeu stratégique, a fortiori si la France veut se positionner en tant que leader européen. »

Même avis du côté de France stratégies qui évoquait dans une étude récente pas moins de 220 000 créations d'emploi pour les techniciens et ingénieurs informatiques d'ici 2022. Enfin, selon l'enquête « Besoins en main-d'œuvre » 2019, les ingénieurs et cadres d'études R&D en informatique et chefs de projet informatiques sont aujourd'hui le cinquième corps de métier le plus en manque de ressources, juste derrière les agents d'entretien de locaux, les aides à domicile ou encore les aides-soignants.

88 % des développeurs sont des hommes

Continuons à parler statistiques... Le site d'offres d'emploi spécialisé dans les technologies de l'information et de la communication lesjeudis.com a de son côté rendu publique en mars 2019 une étude se basant sur l'analyse de 233 000 annonces publiées en ligne sur le marché français sur toute l'année 2018, ainsi que des profils des candidats enregistrés auprès des Jeudis.

Bilan : « *Parmi les différents talents IT ayant le vent en poupe en 2019, celui de développeur Web figure sans doute en bonne place. Ces profils sont toujours fortement plébiscités par les recruteurs, ce qui offre ainsi de nombreux débouchés aux experts du code.* »

Et le spécialiste de dresser le portrait-robot du développeur 2019. Tout d'abord, il est un homme, dans 88 % des cas. Ce malgré les efforts opérés par de nombreuses formations d'informatique et le travail d'associations comme E-mma qui travaillent activement pour une féminisation du numérique (lire l'interview de Dipty Chander, présidente d'E-mma p. 97).

Une majorité de bac + 4/5

Autre constat : le développeur est jeune. Dans 58 % des cas, il a moins de dix ans d'expérience professionnelle. Il est par ailleurs très diplômé puisque près de 60 % de ces experts sont titulaires d'un bac + 4 et au-delà. Un niveau relativement exceptionnel à l'international. Et l'étude de constater que ces profils concordent avec les attentes des entreprises. Selon LesJeudis : « *On constate que plus de la moitié (56 %) des recruteurs recherche des profils de développeurs ayant une formation bac + 4 minimum. Il est par ailleurs à noter que les profils "master" sont de plus en plus sollicités par les entreprises.* » Les codeurs autodidactes restent néanmoins nombreux dans cet univers, représentant 20 % des profils. Signe qu'un jeune talent doté de la motivation nécessaire peut tout à fait faire carrière dans le domaine.

82 % de CDI et temps plein…

Dernier point très encourageant pour les jeunes tentés par le métier : 82 % des développeurs français sont en CDI et à temps plein. Pénurie de talents oblige, les entreprises veulent avant tout fidéliser les jeunes et privilégient donc des propositions stables. « *En matière de recrutement*, ajoute l'enquête, *ce sont clairement les développeurs qui maîtrisent le tempo et fixent les règles du jeu. L'offre dépassant largement la demande, une concurrence féroce s'est installée entre entreprises pour attirer les meilleurs profils. Il est d'ailleurs courant de constater que c'est aux entreprises de convaincre les candidats lors d'un recrutement (et non l'inverse). Pour attirer un développeur, ce qui compte avant tout, c'est certes le contenu du projet sur lequel le candidat devra s'investir, mais aussi la capacité de l'entreprise à le faire évoluer et à bien communiquer.* »

Les régions qui recrutent ? Sans surprise, l'Île-de-France arrive en tête, suivie de l'Auvergne-Rhône-Alpes et de la région Occitanie. Les principaux langages recherchés ? Java puis JavaScript, SQL et PHP…

4| UNE OFFRE DE FORMATION EN PLEIN ESSOR

Face à de telles perspectives d'emploi, la formation n'a donc pas tardé à se mettre en ordre de bataille. Face aux écoles traditionnelles d'informatique et autres écoles d'ingénieurs proposant des spécialisations informatiques poussées se sont aussi développés des cursus très courts appelés bootcamps dont le principe est clair : satisfaire le besoin immédiat du marché en fournissant aux entreprises des codeurs rapidement opérationnels sur les langages réclamés. De quoi faire face aux besoins sans attendre ! À chaque diplômé de compléter ensuite sa formation en mettant régulièrement à jour ses connaissances. La durée de ces formats en dit long sur leur objectif très « pratico-pratique » : de quelques semaines à quelques mois au maximum.

Les établissements plus traditionnels avec des programmes en deux, trois, voire cinq ans sont eux aussi en plein essor. Certains, déjà en place, ont considérablement renforcé leurs formations dans ce domaine qui intéresse tant les employeurs. D'autres écoles se sont par ailleurs montées, à l'image de l'emblématique École 42, sur la base d'enseignements extrêmement originaux. Exit les cours traditionnels, place à la culture du projet, à la mise en place d'objectifs que les étudiants vont devoir atteindre par le biais de travaux individuels ou collectifs, utilisant et apprenant pour ce faire de nouveaux outils qui deviendront les leurs sur tout le cours de leur carrière. En quoi consistent les enseignements de l'École 42 ? Difficile à dire. On parle ici d'une sélection « en piscine », là d'un apprentissage en *peer-to-peer*, ailleurs d'une « gamification » du programme, et de la mise en place d'une méthodologie Scrum… Telle est la novlangue d'un certain nombre d'établissements qui mettent aujourd'hui à mal les enseignements traditionnels et montrent à quel point les écoles d'informatique et de code bousculent les habitudes.

LES FILLES DANS LE NUMÉRIQUE, LA VOIE EST LIBRE !

Alors que le secteur numérique était relativement féminisé voici quelques décennies, cet environnement est devenu depuis un certain temps la chasse gardée des hommes. Selon le think tank Talents du numérique, le numérique ne compte aujourd'hui que 33 % de femmes contre 53 % tous secteurs d'activité confondus. Les filles, en écoles d'ingénieurs, ne sont par ailleurs pas plus de 20 %, malgré les efforts répétés de bon nombre d'établissements pour féminiser leurs effectifs.

Encore pire, les établissements directement liés au numérique accueillent l'équivalent d'une fille pour plus de sept garçons... Alors l'informatique et le gaming sont-ils phallocrates ? Bien sûr que non. Mais il y a une tradition en France qui veut que les matières scientifiques soient réservées aux garçons. « Dans les salons, les filles ne s'arrêtent même pas devant les stands des écoles informatiques », explique Dipty Chander, présidente de l'association E-mma qui veut promouvoir la place des filles dans ce milieu. Elles doivent pourtant prendre conscience que les diverses filières de formation les accueillent à bras ouverts ! À l'heure où chacun sait que l'excellence vient de la diversité, les écoles ont bien compris l'intérêt de s'ouvrir à ces dernières. Elles ont donc tout intérêt à explorer elles aussi cette voie...

5| LE GAMING OÙ L'ARRIVÉE DU JEU VIDÉO POUR LE GRAND PUBLIC

Si le monde du coding est en pleine croissance, il n'est pas le seul à connaître un fulgurant développement. Autre grand gagnant de ces dernières années : le gaming. Ce phénomène qui désigne tout l'univers des jeux vidéo, depuis leur conception jusqu'à leur pratique professionnelle en passant par le marketing, la vente, l'événementiel et les compétitions « esport », a en effet quitté son statut de pratique de niche. Désormais, il figure aux côtés du livre et devant le cinéma ou la musique en termes de loisir grand public. Tout le monde joue... Les hommes comme les femmes, les ados comme leurs parents.

« *Les joueurs d'hier sont en fait devenus les parents d'aujourd'hui,* explique Julien Villedieu, délégué général du Syndicat national du jeu vidéo (SNJV). *Tel le rock ou le hip-hop en leur temps, le jeu vidéo est devenu un loisir que tout le monde connaît et pratique.* » D'où le développement exponentiel du marché du jeu vidéo et son extension « haut niveau », l'esport – ou jeu vidéo de compétition –, dont les spectateurs sont de plus en plus nombreux.

Si le gaming connaît une progression fulgurante, c'est aussi parce que la France est très bien placée dans ce secteur au niveau mondial, reconnue pour ses entreprises – autrefois Infogrammes et Cryo, aujourd'hui Ubisoft, etc. – mais également pour ses formations haut de gamme, tant dans la création et la conception que dans le management.

Quelques chiffres pour se convaincre de l'essor de ce secteur ? Sachez que selon les dernières études notamment menées par SuperData (Nielsen), le gaming a représenté en 2018 un chiffre d'affaires mondial de 120 milliards d'euros.

Selon Goldman Sachs, l'esport mobilisait par ailleurs 185 millions de spectateurs par mois en 2018 et devrait en compter 276 millions en 2022 pour un chiffre d'affaires de plus de 900 millions de dollars. Enfin, notant que seules 5 % des personnes connectées à Internet regardaient les compétitions esport, la banque d'investissement évoquait des perspectives de croissances très importantes. Pour 2022, le chiffre d'affaires global attendu se situe aux environs de 3 milliards de dollars. Avec à la clé de nombreux emplois. Moins pléthoriques que dans le coding, ils sont cependant bien réels, de l'ordre de 1 200 à 1 500 créations d'emploi tous les ans pour la France selon le baromètre annuel du SNJV (http://snjv.org/publications).

6| « UN CORPS TRÈS LARGE D'ACTIVITÉS »

Selon Thierry Debarnot, cofondateur et CEO (*chief executive officer*) du Gaming Campus de Lyon qui regroupe entre autres la Gaming Business School et la Gaming Academy, « *le gaming concerne un corps très large d'activités, toutes aujourd'hui en plein développement. On y trouve la création de jeu vidéo, mais aussi toutes les activités liées au client. Un jeu n'est réussi, en effet, que s'il est pensé pour l'utilisateur. C'est ce qui lui permettra de trouver son public. On peut donc inclure dans le terme "gaming" l'ensemble des métiers liés à l'étude de marché, la stratégie ou encore la connaissance client. Ne pas oublier non plus la partie vente, les métiers liés à l'acquisition d'utilisateurs, les métiers liés à la marque, le brand management, la fidélisation, la monétisation, les activités tournant autour des communautés de joueurs et tout ce qui tourne enfin autour des usages utilisateurs. Autant de domaines où les pratiques liées au gaming sont très innovantes. Enfin, le gaming, c'est aussi l'esport* ».

Discipline émergente, l'esport est souvent considéré comme un prolongement du gaming. « *C'est en fait le mode compétitif du gaming,* reprend Thierry Debarnot. *Pour les éditeurs de jeux, l'esport, est un pan à part entière de leur activité, la garantie qu'un jeu, s'il est pratiqué à haut niveau par des joueurs professionnels, aura une durée de vie plus longue, générera plus d'audience et sera mieux monétisé.* »

Et dans ce domaine, les besoins sont tout aussi importants. Les équipes professionnelles sont plus nombreuses, elles ont besoin de managers et de coaches. Bref, les métiers se multiplient. Pour l'heure, outre les métiers de création et de game design, très pourvoyeurs, les activités les plus en vogue concernent le marketing, la vente, le management de la marque ou encore le community management. On estime cependant que 85 % des métiers de 2030 n'existent pas encore.

7| UNE ÉCLOSION TOUTE RÉCENTE DE LA FORMATION

Pas étonnant là encore que les écoles s'y soient investies, les parcours de très courte durée côtoyant des programmes de long terme, de quoi couvrir des besoins complémentaires et satisfaire des passions immédiates ou des ambitions de longue durée.

Même si les modèles sont encore en train de s'affiner, on peut actuellement distinguer deux grandes typologies d'écoles. Tout d'abord, les écoles classiques de management qui ont choisi le gaming comme secteur d'application. Entendez par là que leurs élèves étudieront les mêmes disciplines que leurs camarades d'écoles de commerce classiques, mais que chacun des enseignements proposés sera vu à travers le prisme du monde vidéo, ses codes et ses usages. Autre modèle : des formations beaucoup plus versées dans l'esport, et dont l'objectif sera de former des joueurs professionnels. Au programme : entraînements, coaching et psychologie, mais aussi cours de langues et un zeste de communication, d'initiation à la prise de parole et d'initiation au marketing. Les heureux élus étant rares dans l'esport comme dans tout sport traditionne, il vaut donc mieux avoir quelques cordes supplémentaires à son arc avant de s'investir dans ce milieu. Ces parcours sont de plus courte durée, un à deux ans au maximum.

Mais le gaming ne concerne pas que les mordus de jeu ou les managers et autres coaches avides de travailler dans cet univers. Qui dit jeu vidéo dit également création. Un secteur en plein essor. Les écoles françaises de formation au jeu vidéo font en effet partie des meilleures du monde, formant tout à la fois à la conception de jeux, au graphisme, au design et aux technologies entourant la création vidéo.

Selon Nicolas Becqueret, directeur d'E-Art Sup : « *Nos écoles vont proposer aux élèves de commencer par le dessin, le graphisme et la vidéo avant de travailler sur certains logiciels de production, mais le tout appliqué au jeu vidéo. Ce faisant, nous allons leur apprendre non seulement comment concevoir techniquement un jeu, mais aussi comment construire des narrations et comment raconter des histoires. Il s'agit ni plus ni moins que de former à la création artistique, mais dans l'univers vidéoludique.* » Ces parcours diplôment généralement à bac + 3 ou bac + 5.

Reste une question cruciale : la croissance du gaming et de l'esport est-elle durable ? Comme pour le coding, la réponse semble bien être oui... Et même si les volumes de recrutement ne sont pour l'instant pas très élevés, ils n'en sont pas moins réels, et surtout, durables.

L'autre défi de l'esport sera de monétiser cet engouement. À l'heure actuelle, ce secteur ne représente en effet qu'un petit milliard d'euros. Mais bien que lilliputien par rapport aux grandes industries ludiques évoquées précédemment (livre, disque, cinéma et jeu vidéo classique), ce chiffre, là encore, progresse rapidement. Et le fait que de grandes marques telles que Puma ou encore Google investissent d'importants budgets de communication dans ce secteur et supportent des équipes professionnelles veut dire qu'elles-mêmes croient aux perspectives prometteuses évoquées plus haut...

PARTIE II

LES GRANDS MÉTIERS DU CODING ET DU GAMING

1| ANIMATEUR 2D/3D

Excellent dessinateur et infographiste, également technicien et informaticien, l'animateur 2D/3D maîtrise parfaitement l'anatomie pour reproduire un mouvement avec justesse et finalement rendre vivants les personnages sur lesquels il travaille.

Des décors aux expressions du visage, l'animateur doit créer un univers et transmettre des émotions précises. Il utilise pour cela des logiciels très spécifiques qui lui permettent d'allier réalisme et créativité de manière à proposer *in fine* le résultat le plus attractif possible. Précision importante : il ne dessine pas mais anime un personnage déjà existant, au design souvent simplifié.

Cette tâche exige un fort investissement personnel, mais aussi de savoir parfaitement s'intégrer à une équipe. L'animateur 2D/3D est en effet intégré à toute une chaîne de production.

L'animateur peut intégrer un studio ou une société de production, ou choisir de travailler en indépendant, en tant que free-lance ou intermittent du spectacle. Il peut travailler dans les grands studios de jeu ou d'animation. Autres possibilités : intégrer le milieu de la télévision, du cinéma voire de la publicité. Pour trouver du travail, il aura de toute manière intérêt à multiplier les projets personnels et les stages.

• **Formation** : Les formations sont le plus souvent spécialisées. Les étudiants issus d'un bac général ou d'un bac STD2A peuvent intégrer un DNMADE en animation ou un BTS Métiers de l'audiovisuel option métiers de l'image, un BTS Design graphique, option communication et médias numériques, ou s'orienter vers une école spécialisée dans l'image ou l'animation pure 2D/3D. La formation durera de trois à cinq ans selon les établissements.

• **Salaire** : Un animateur débutant peut gagner environ 2 000 euros par mois. Avec l'expérience, il pourra espérer une rémunération d'environ 3 500 euros par mois. Mais ces professionnels sont le plus souvent rémunérés au projet. Après quelques années, ils peuvent devenir directeur artistique ou superviseur en animation.

2| ARCHITECTE WEB

Le rôle de l'architecte Web est de concevoir et de mettre à jour le schéma technique d'un site ou d'une application Web.

Après avoir défini les besoins de ses clients et fait le point sur les problématiques technologiques que le projet allait impliquer, il met en place ou contribue à l'élaboration d'un cahier des charges qui fera le point sur les fonctionnalités requises par le client et autres contraintes techniques susceptibles de se présenter. À lui aussi de dresser un chiffrage en amont du projet après avoir passé en revue les outils à utiliser présentant les avantages et contraintes des solutions envisagées. Il validera ensuite chaque décision. Pour ce faire, il doit notamment évaluer les besoins actuels et futurs des utilisateurs, de manière que l'application ou le site Web soient pérennes dans le temps.

L'architecte Web est présent tout au long de la réalisation du projet, en support des équipes techniques. Lorsque viendra le déploiement du site ou de l'application, il transmettra en même temps que le chef de projet toutes les recommandations nécessaires aux exploitants. Il peut dans certains cas se trouver en support sur toute la durée de vie de l'application du site.

- **Formation :** *Les architectes Web sont la plupart du temps diplômés d'écoles d'ingénieurs spécialisées dans l'informatique et les télécoms. Il existe par ailleurs un certain nombre de formations universitaires en informatique de niveau bac + 4/5 pouvant mener à ce métier.*

- **Salaire :** *L'architecte Web peut toucher entre 3 000 et 4 000 euros bruts par mois en début de carrière. Avec un peu d'expérience, sa rémunération pourra atteindre 4 000 à 6 000 euros par mois selon son profil et son entreprise.*

3| CHEF DE PROJET WEB

Le chef de projet Web occupe une fonction très transversale puisque sa mission première consiste à piloter un projet de A à Z, qu'il s'agisse de la conception ou de la refonte d'un site. Interface et point de rassemblement de toutes les compétences amenées à intervenir sur le projet – ingénieurs, techniciens, clients, fournisseurs, etc. –, le chef de projet Web assure la traduction des besoins du client en spécifications fonctionnelles et techniques. Bien sûr, il garde en tête les cahiers des charges définis avec son client en amont.

Durant toute la phase de réalisation du projet, il s'assure que chaque partie prenante s'acquitte de sa mission et tient les budgets prévus sans rien céder à la qualité. Il veille aussi au respect des délais. Pilote du projet jusqu'à la recette finale, voire jusqu'à la mise en production, il est donc, grâce à ses connaissances techniques, commerciales, marketing et éditoriales, un organisateur capable d'évaluer le coût des opérations à effectuer et les enjeux et risques de chaque développement. Une fois la réalisation terminée, ce professionnel pourra aussi tester le produit et penser à ses éventuelles évolutions à venir.

Le chef de projet Web travaille souvent en entreprise de services du numérique (ESN), en cabinet de conseil en informatique ou en agence de projet Web. À mesure qu'il gagnera en expérience, il pourra travailler pour des clients ou des projets de plus grande importance.

- **Formation :** *S'il est possible de devenir chef de projet Web avec un BTS ou un DUT en informatique, il est souvent courant de poursuivre ses études au moins jusqu'au bac + 3 (licence professionnelle) voire jusqu'au bac + 5, par le biais d'une école d'ingénieurs ou d'une école spécialisée en informatique. À noter que l'on ne devient souvent chef de projet qu'après quelques années d'expérience.*

- **Salaire :** *Un chef de projet informatique débutant peut espérer gagner 2 500 euros bruts par mois.*

4| DATA ANALYST

Rattaché à la direction des systèmes d'information d'une entreprise, le data analyst est responsable de toutes les opérations des bases de données. Il crée les bases de données nécessaires à l'entreprise puis s'assure de leur bon fonctionnement.

Pour cela, il doit connaître tous les outils statistiques, les technologies en rapport avec le big data, mais aussi recueillir, synthétiser et interpréter les informations chiffrées provenant de l'activité de l'entreprise pour les rendre compréhensibles à ses divers interlocuteurs. Il travaille à partir de l'outil de gestion de la relation client de son entreprise (CRM). Garant de la qualité et de la cohérence des données de la structure, il travaille sous la responsabilité du data scientist. Il analyse les données avec un regard marketing, ce qui lui confère un rôle de consultant.

La problématique des bases de données concernant désormais tous les secteurs économiques, le métier est en plein essor. Ce spécialiste peut donc travailler dans des domaines très variés, depuis la banque et l'assurance jusqu'au marketing en passant par l'univers médical et l'industrie, dans des sociétés spécialisées numérique mais aussi au cœur de grands groupes faisant de l'exploitation de données une activité prioritaire. Les opportunités existent en France et à l'international.

Le data analyst peut évoluer vers des postes de consultant, d'ingénieur business intelligence, data engineer ou encore data scientist.

- **Formation :** *Très pointu, ce métier demande une formation de niveau bac + 4 ou bac + 5 dans un domaine comme l'ingénierie informatique. Autre possibilité : viser un bac + 5 en marketing voire en statistiques avec dominante informatique ou big data. Des écoles spécialisées en informatique mais aussi certains cursus universitaires pointus peuvent mener à ce métier.*

- **Salaire :** *Le data analyst gagne environ 3 000 euros bruts par mois en début de carrière.*

5| DESIGNER UX ET UI

Les designers user experience et user interface (UI) sont des spécialistes de l'expérience utilisateur et de l'interface produit. L'apparition récente de ces métiers découle directement de la nécessité croissante d'optimiser l'interaction homme-machine, notamment sur les plateformes mobiles et Web.

Le designer UI travaille plus précisément sur le lien homme-machine. Il veille à ce que l'interface proposée à l'utilisateur soit claire et intuitive, de même que les possibilités de navigation au cœur des différents contenus.

Le designer UX, pour sa part, va intégrer les attentes et les besoins des utilisateurs pour leur offrir ensuite l'expérience la plus agréable et la plus productive possible. On parle souvent d'intégrer un *storytelling* à l'expérience utilisateur. Cela tout en prenant en compte les objectifs financiers de son client. Il identifie et remonte par ailleurs tous les points critiques de l'expérience utilisateur.

Ces professionnels évoluent dans les agences Web, les agences de design, en grande entreprise ou en start-up. Leurs compétences sont très recherchées, les débouchés sont donc nombreux et les évolutions de carrière possibles vers la direction de projet ou encore le poste d'architecte d'information.

- **Formation :** *Si les programmes courts de type BTS et DUT sont de bonnes formations, d'autres cursus plus longs existent également en Webdesign ou en master information communication. Ne pas oublier les écoles supérieures d'art qui diplôment au niveau bac + 3 (DNMADE) et bac + 5 (DNSEP).*

- **Salaire :** *Les designers UX/UI vont gagner de 2 500 à 3 500 euros bruts par mois en début de carrière.*

6| DÉVELOPPEUR

Le développeur a une mission principale : concevoir des programmes techniquement fonctionnels mais également en phase avec les besoins des utilisateurs, et bien évidemment avec le cahier des charges fourni par son client. Cette phase de réflexion et de prise en compte de la demande est essentielle. D'ailleurs, dans certains cas, le développeur pourra lui-même participer à l'élaboration de ce cahier des charges. Viendra ensuite la conception technique au cours de laquelle le programmeur fera appel à ses connaissances dans divers langages informatiques pour traduire les fonctionnalités demandées en lignes de codes intelligibles et exécutables par la machine. Une fois terminé ce travail de conception et d'écriture, s'ensuivra une phase de tests avant la rédaction des notices d'installation et autres guides utilisateur.

À signaler que le développeur peut concevoir un logiciel de A à Z mais aussi partir de bases logicielles qu'il n'aura plus qu'à améliorer ou à adapter aux besoins spécifiques de ses clients.

Un grand nombre de développeurs travaille dans les entreprises de services du numérique (ESN) ou encore chez les éditeurs de logiciels. Autre possibilité : intégrer le service informatique d'une grande entreprise.

Après plusieurs années de pratique, le professionnel pourra envisager de passer à la direction de projet informatique. Autre possibilité : s'orienter vers l'expertise technique, l'encadrement ou encore des fonctions commerciales, mais toujours situées dans la sphère informatique.

- **Formation :** *Il faut au minimum un bac + 2 pour devenir développeur – à savoir un DUT Informatique, ou encore un BTS Services informatiques aux organisations (SIO). Cela dit, les entreprises sont de plus en plus à la recherche de jeunes diplômés titulaires d'un bac + 3 voire d'un bac + 5 de type master universitaire en informatique, diplôme d'ingénieur, ou encore de diplômés d'écoles spécialisées dans l'informatique.*

- **Salaire :** *Le développeur informatique peut envisager de 2 500 à 4 500 euros bruts en fonction de son entreprise, de son expérience et des projets sur lesquels il travaille.*

7| GAME DESIGNER

Présent tout au long de la conception du jeu vidéo, ce professionnel joue un rôle essentiel dans l'univers numérique. Sa mission : donner vie à tout l'environnement ludique, qu'il soit sur ordinateur, sur console, sur smartphone ou on-line.

Intervenant sur tous les types de jeu, qu'il s'agisse d'environnements sportifs ou de jeux d'action, le game designer imagine le jeu et les règles qui vont ensuite le régir. Il intervient depuis la narration, qui doit être intéressante, jusqu'à la conception technique, en passant par les divers personnages présents. À lui d'imaginer les difficultés tout au long du jeu pour le rendre captivant sans être toutefois trop difficile. Le tout bien sûr en respectant le budget et les délais initiaux.

Le concepteur de jeu vidéo travaille bien sûr au sein d'une équipe avec laquelle il va constamment dialoguer. Ses interlocuteurs : le chef de projet, les graphistes, mais aussi des illustrateurs sonores.

Il travaille généralement dans une maison d'édition de jeu vidéo sous la direction d'un chef de projet. Il peut également travailler en free-lance. À mesure qu'il gagnera en expérience et en notoriété, il pourra évoluer vers de plus gros projets ou prendre des directions de projet.

Attention, on devient rarement game designer dès le début de sa carrière. Il faudra d'abord passer par des postes tels que level designer. À noter que les formations françaises sont très réputées hors de l'Hexagone. Un bon game designer peut donc parfaitement envisager une carrière à l'international.

- **Formation :** *Les formations courtes de type DUT Informatique peuvent s'avérer intéressantes, de même que des licences professionnelles en Conception et intégration multimédia. Les écoles spécialisées dans le jeu vidéo tiennent cependant largement le haut du pavé. Elles diplôment généralement à bac + 3 voire à bac + 5. Les écoles d'ingénieurs informatiques de même que certains masters universitaires orientés médias interactifs et médias numériques peuvent aussi s'avérer de bonnes solutions.*

- **Salaire :** *Le salaire du game designer va évoluer de 2 000 euros à 2 600 euros bruts par an pour le jeune diplômé, jusqu'à presque 4 000 euros par mois une fois qu'il sera plus expérimenté.*

8| INGÉNIEUR EN INFORMATIQUE

L'appellation ingénieur en informatique peut en fait recouvrir plusieurs grandes fonctions : ingénieur en système d'information, ingénieur réseaux, ou encore ingénieur en informatique industrielle. Les premiers, plus nombreux, sont chargés du développement et de l'actualisation des logiciels qui vont permettre la bonne marche d'une entreprise. Ils se trouvent généralement dans les entreprises de services du numérique mais on en voit également beaucoup dans les services informatiques des grandes entreprises. Ces professionnels peuvent être très spécialisés, ou beaucoup plus polyvalents à mesure que l'entreprise est plus petite.

Dotés d'une solide formation, ces professionnels sont à la fois des informaticiens confirmés et des personnes capables de créativité pour trouver des solutions logicielles auxquelles personne n'aurait pensé.

- **Formation :** *Les écoles menant à ces métiers sont assez nombreuses. Il peut s'agir d'écoles d'ingénieurs généralistes se terminant par une spécialisation informatique, ou d'écoles spécialisant d'emblée leurs étudiants. Les universités disposent elles aussi de filières menant au titre d'ingénieur. Il s'agit principalement du réseau Polytech. Elles recrutent soit de jeunes bacheliers, soit des élèves déjà dotés d'un bac + 2 (prépa, DUT, BTS).*

- **Salaire :** *L'ingénieur informatique sera rémunéré de 3 000 à 3 500 euros bruts en début de carrière. Avec quelques années d'expérience, cette rémunération peut grimer à 4 000 euros mensuels.*

9| INGÉNIEUR EN INTELLIGENCE ARTIFICIELLE

L'ingénieur en intelligence artificielle (IA), également appelé ingénieur cogniticien, est chargé de concevoir des programmes informatiques capables d'exécuter des tâches complexes et donc de raisonner comme l'homme.

Spécialiste de l'informatique en même temps que chercheur, ce professionnel va s'attacher à mettre au point des programmes capables de s'adapter dans des domaines tels que le traitement de l'image, le langage, les jeux, l'analyse prédictive ou encore la santé et la robotique. Des programmes utilisant des technologies très évoluées comme le data mining, le machine learning et le deep learning. Bien souvent, les projets que traitent ces professionnels sont très spécifiques et demandent un travail approfondi pour explorer des problématiques souvent inédites.

Ce métier demande beaucoup de compétences informatiques, de la curiosité, une vraie passion et beaucoup de rigueur. Il est aujourd'hui en pleine évolution et devrait prendre toujours plus de place dans les années à venir au sein des entreprises de services numériques mais aussi dans les services informatiques des grandes entreprises. L'ingénieur IA peut par ailleurs travailler dans de grandes structures de recherche, sans oublier les start-up de pointe.

- **Formation :** *Les écoles d'ingénieurs proposent aujourd'hui de plus en plus de formations dans le domaine de l'IA, soit sous forme de spécialisation de fin d'études, soit par le biais de masters spécialisés. Il existe par ailleurs plusieurs masters universitaires informatiques et mathématiques permettant d'accéder au métier.*

- **Salaire :** *Les revenus de l'ingénieur en intelligence artificielle vont varier en fonction des projets et de la structure. Il peut espérer environ 2 500 euros bruts par mois en début de carrière.*

10| LEVEL DESIGNER

Le level designer travaille sous la responsabilité d'un game designer. Concentré sur un ou plusieurs niveaux du jeu, il imagine et élabore le parcours du joueur en en variant les rythmes, la diversité et les difficultés. Il met en place les décors et y ajoute divers éléments, des obstacles, des bonus ou encore de nouveaux personnages qui vont rythmer la progression du joueur. Il s'agit de mettre en place un cheminement agréable pour que le joueur reste au cœur du jeu sans jamais en décrocher.

Grâce à des logiciels appelés éditeurs de niveau il va créer les divers environnements nécessaires puis affiner les réactions des personnages et ajouter des obstacles. Il testera ensuite la jouabilité du jeu – interface, prise en main... – avant de proposer d'éventuels ajustements. Il travaille en lien avec les infographistes, les sound designers et autres développeurs. Le level designer évolue le plus souvent dans une maison d'édition de jeux ou dans un studio de création. Certains vont cependant travailler en free-lance, et auront dans ce cas plusieurs clients. Attention, s'il s'agit d'un métier en plein essor, qui suscite de nombreuses vocations. Les projets personnels, les stages et la motivation seront déterminants pour trouver un emploi.

- **Formation :** *Outre le DUT Informatique option imagerie numérique, le DU de Level designer et la licence professionnelle en Métiers du jeu vidéo, certaines écoles spécialisées proposent également des formations à ce domaine sur trois à cinq ans. Ne pas oublier le master Conception et intégration multimédia, parcours programmation et développement de jeux vidéo.*

- **Salaire :** *De 1 500 à 1 800 euros bruts par mois pour un débutant.*

11| MANAGER ESPORT

La mission du manager esport consiste à préparer avec ses équipes de production (producteurs, réalisateurs, régisseurs, techniciens, animateurs...) les rencontres et autres shows esport ou gaming.

Pour cela, il cherche les salles, les partenariats, les sponsors et gère les communautés de fans. En tant que manager, il organise et assure aussi le bon déroulement des rencontres. Il s'occupe par ailleurs du juridique, du transport et du matériel, sans oublier d'assurer avec les éditeurs et sponsors la promotion des joueurs et des marques partenaires de l'événement. À lui, enfin, de veiller à ce que les sponsors soient représentés selon les termes du contrat signé. L'organisateur se rend également disponible pour les joueurs et peut répondre à leurs attentes. Il veille donc aussi à ce que l'entente règne entre joueurs, de manière que ces derniers n'aient que des préoccupations sportives en tête. Il est enfin l'intermédiaire entre ses joueurs et les médias spécialisés. Il évolue au sein de clubs, veillant sur une ou plusieurs équipes selon les cas.

- **Formation :** *Devenir manager esport suppose souvent des formations au croisement de l'événementiel et du jeu vidéo. Des écoles spécialisées apparaissent actuellement dans ce domaine, qui forment des managers et des communicants. La longueur de leur cursus pourra largement varier en fonction de l'établissement, de quelques mois à cinq ans. Autres solutions plus généralistes, le BTS MCO (management commercial opérationnel ; ex-MUC) ou encore la licence professionnelle en gestion, en commerce ou en marketing. Ne pas oublier les masters classiques en management.*

- **Salaire :** *Le salaire dépendra de l'importance de l'entreprise organisatrice et des événements mis en place. Aucune estimation fiable n'existe pour le moment.*

12| MATTE PAINTER

Métier très connu dans le milieu du cinéma, le matte painter intervient également dans le domaine du jeu vidéo. Il occupe même une place essentielle dans la conception du jeu puisqu'il crée les décors et les environnements numériques en 3D. Également appelé digital matte painter (DPM), environment artist ou encore généraliste environnement, il intervient lors de la phase de production du jeu vidéo en tant que créateur de l'environnement en arrière-plan, avec obligation de retranscrire l'intention du plan désirée par le réalisateur.

Il crée l'environnement numérique qui deviendra le décor du jeu en utilisant des images existantes sur des banques d'images ou en laissant libre cours à son imagination. Après validation par son supérieur, il pourra peindre les décors, les fabriquer en 3D et effectuer les montages photo nécessaires. Une fois terminé, son travail sera remis au spécialiste en charge de la composition qui l'intégrera aux plans finaux du jeu.

- **Formation :** *Le métier nécessite de maîtriser les logiciels de matte painting et de modélisation 3D. Il est vivement conseillé d'intégrer une école d'animation mais on peut aussi apprendre les bases du métier en école d'art.*

- **Salaire :** *Il n'est pas facile de parler de salaire puisque la rémunération du matte painter varie souvent en fonction du projet sur lequel il travaille. Il est par ailleurs souvent indépendant. En tant que salarié, le matte painter va débuter autour de 2 500 euros bruts mensuels.*

13| PRO-GAMER

Imaginez un sportif de haut niveau, voire un professionnel, en football, en rugby ou encore en tennis... Le pro-gamer est l'exact équivalent de ces champions, sauf que son instrument de jeu ne sera pas une raquette ou un ballon, mais plutôt une manette ou une souris. Le reste sera très similaire...

De fait, comme le sportif de haut niveau classique, le pro-gamer participe à des compétitions de jeux vidéo. Lui aussi s'entraîne de longues heures chaque jour et doit veiller à maintenir un rythme de vie régulier tout en surveillant sa forme physique pour supporter le stress de la compétition. Il va également gérer son régime alimentaire et s'intéresser à son équilibre personnel.

Le pro-gamer doit s'entraîner quotidiennement et intensivement, seul ou avec ses coéquipiers. Il se spécialise bien souvent sur un seul jeu ou sur un style de jeu – FPS, sport... –, de manière à y donner ses pleines capacités. À mesure qu'il progressera, il pourra participer à des diffusions de parties en streaming mais aussi participer à des grandes compétitions en France et à l'international. Loin d'être un geek esseulé, le pro-gamer pratique au contraire un sport d'équipe et devra à ce titre savoir jouer avec et pour son groupe, sans privilégier aucune stratégie personnelle.

Souvent salarié de structures soutenant une ou plusieurs équipes, il peut compléter ses revenus de rentrées publicitaires provenant, notamment, des grandes compétitions esport diffusées en streaming. Avec le temps, le pro-gamer pourra évoluer vers d'autres métiers du jeu vidéo comme le streaming ou encore l'organisation de compétitions esport.

- **Formation :** *Il existe très peu de parcours spécifiques à ce métier, même si certaines écoles commencent à promouvoir des cursus comprenant une large part de management de carrière. Ces formations sont souvent courtes, mais elles peuvent aussi prendre la forme de bachelors, et durer dès lors trois ans.*

- **Salaire :** *Les revenus du pro-gamer sont difficiles à évaluer tant ils dépendent de ses résultats mais également de sa popularité et des sponsors dont il dispose.*

14| PROGRAMMEUR DE JEU VIDÉO

Souvent appelé développeur, le programmeur de jeu vidéo a pour mission de développer le moteur du jeu qui lui a été confié, ou de l'améliorer en fonction des besoins. À ce poste, il sera responsable de son bon fonctionnement, de même que des bugs qui pourront éventuellement survenir.

Ce professionnel travaille en lien avec un chef de projet avec qui sera établi un cahier des charges rigoureux. Son objectif : produire le code qui permettra à l'ordinateur d'effectuer diverses actions. Son quotidien : programmer les actions, les comportements et autres interfaces menu nécessaires à bon déroulement du jeu. Il devra bien sûr également optimiser les performances du jeu tout en respectant le cahier des charges initial.

Le programmeur de jeu vidéo va souvent travailler dans les studios de création où sa mission sera délimitée à tels ou tels aspects du jeu. Ces professionnels sont aussi nombreux dans de plus petites entreprises. Ils seront alors plus polyvalents. Si le métier de développeur est en plein essor, cette fonction est néanmoins tellement mise en avant que la concurrence est de plus en plus importante. Il faut donc une solide formation de même qu'une solide motivation. Au bout de quelques années, le programmeur de jeu vidéo peut évoluer pour devenir programmeur principal, ou se spécialiser dans un langage ou une technologie en particulier. Autre possibilité : évoluer vers la direction de projet.

- **Formations :** *Le programmeur de jeux vidéo sera par exemple titulaire d'un diplôme de niveau bac + 2 (BTS Services informatiques aux organisations, DUT Métiers du multimédia et de l'Internet) ou bien d'un bac + 3 comme une licence professionnelle Métiers du jeu vidéo ou Informatique. De nombreux professionnels sont enfin titulaires de bac + 5, masters en création et ingénierie numérique ou titres d'écoles spécialisées. Ne pas oublier le diplôme d'ingénieur.*

- **Salaire :** *En début de carrière, le programmeur pourra gagner entre 1 800 et 2 100 euros bruts par mois. Un total qui va progresser au fil des années. Une fois confirmé, il pourra envisager jusqu'à 3 500 euros bruts mensuels.*

15| SOUND DESIGNER

Le sound designer intervient à la suite de l'équipe projet. Son rôle : imaginer en les créant ou en les réinventant des univers sonores pour donner de la vie, du volume et du relief au graphisme d'un site Web, d'une application ou d'un jeu vidéo.

Il travaille à partir d'une maquette muette, c'est-à-dire une base visuelle, et va ensuite gérer les différentes étapes des enregistrements sonores allant du studio au montage, en passant par la prise de son et le mixage. Il peut produire une création originale de sons et de musiques, passer une commande auprès de musiciens ou encore se rendre sur des banques de sons. Il se soucie des volumes des éléments sonores, des récurrences d'apparition, des modalités d'enchaînement des sons, de l'intégration et de l'encodage dans l'interface des fichiers audio dans des formats spécifiés. Le son du clic de la souris dans votre jeu ? C'est lui. L'effet sonore qui marque les changements d'écran ou de chapitre ? C'est lui... Bien entendu, il réalisera aussi divers tests avant le lancement du produit pour procéder aux corrections nécessaires. Il pourra par ailleurs réintervenir après le retour client. De la même manière que tous les autres créatifs intervenant sur le Web, il devra dans son travail tenir compte des contraintes techniques et notamment du débit de connexion.

Le sound designer travaille généralement en studio ou chez un éditeur, au milieu de toute une équipe créative.

- **Formation :** *De nombreuses formations peuvent mener à ce métier, qu'elles soient à dominante musicale ou technique. Un bac L spécialité musique peut ainsi convenir avant d'enchaîner par un BTS Métiers de l'audiovisuel, option son. Ne pas oublier le DUT Informatique. Il existe par ailleurs de nombreuses écoles spécialisées dans l'audiovisuel mais aussi divers cursus universitaires dans le son ou l'image, licences professionnelles, ou master.*

- **Salaire :** *Le sound designer débutant peut espérer entre 1 500 et 2 000 euros bruts par mois. Son salaire pourra grimper à 3 000 euros par mois avec un peu d'expérience.*

16| STREAMER/CASTER

Le rôle du streamer est de diffuser auprès du public les parties qu'il va réaliser sur un ou plusieurs jeux. Pour disposer d'un maximum d'abonnés sur YouTube ou encore sur Twitch, il doit offrir à son public un vrai divertissement, tout en se construisant une personnalité à laquelle les internautes vont s'attacher tout autant qu'à ses parties. Deux catégories de streamers coexistent actuellement : les vrais joueurs qui se montrent en train de jouer et les purs animateurs qui livrent plus un show qu'une vraie partie.

Le caster, lui, est surtout un spécialiste qui analyse un match esport en direct et dans son intégralité. Apte à décrire les manœuvres exécutées en temps réel, il peut se spécialiser dans certains jeux et compétitions. Outre ses compétences techniques sur les jeux qu'il commente, il doit aussi posséder d'indéniables qualités d'animateur pour fixer un public et attirer à lui toute une communauté de suiveurs. Il peut également se rendre à des gaming houses et gaming camps, lieux d'entraînement pour les pro-gamers.

Les streamers comme les casters peuvent être recrutés par des équipes esportives, soit comme joueurs, soit pour graviter dans leur environnement et diffuser auprès de leur fan-base les parties et performances des professionnels.

- **Formation :** *La plupart des streamers et casters sont des autodidactes. Des formations esport peuvent toutefois s'avérer utiles. Avec, parfois, une spécialisation dans le streaming.*

- **Salaire :** *Il est encore difficile à estimer. S'ils font partie d'une team, les streamers et casters peuvent percevoir une gratification. Mais la principale source de revenus du streamer reste le plus souvent le nombre de vues sur ses vidéos.*

17| TESTEUR DE JEU VIDÉO

Le testeur de jeu vidéo peut se comparer au responsable qualité d'un département de production classique. Ce professionnel a une grande importance dans toute la phase de validation du jeu : de ses commentaires peut en effet dépendre le succès d'un jeu.

Principal objectif du testeur : évaluer la jouabilité du jeu, c'est-à-dire sa facilité d'exécution, le ressenti que va éprouver le joueur, sa difficulté globale, etc. À lui aussi bien sûr de torturer le jeu et d'en éprouver toutes les difficultés pour y détecter tous les bugs afin qu'ils soient corrigés par les développeurs avant la vente.

On s'en doute, un testeur n'est pas un joueur classique. Son activité est bien plus un travail qu'un loisir, elle demande de la rigueur, de la concentration, et bien sûr une vraie connaissance du jeu vidéo en général pour repérer facilement les situations potentiellement problématiques et anticiper les éventuelles critiques que pourront adresser les joueurs.

Les testeurs peuvent appartenir aux studios de production, mais nombreux sont ceux qui travaillent de manière indépendante.

• **Formation :** *Aucune formation classique n'existe dans le domaine. Il est possible d'apprendre « sur le tas ». D'autres testeurs auront derrière eux un premier parcours informatique et des diplômes de type BTS Communication et industries graphiques ou encore DUT Informatique option imagerie numérique. Autres voies possibles, le DUT Métiers du multimédia et de l'Internet et le BTS Métiers de l'audiovisuel option image et son.*

• **Salaire :** *La rémunération n'est pas très élevée. Comptez sur le Smic horaire, sachant que ce travail sera souvent payé à la mission. À mesure que les années passeront, la rémunération pourra progresser. Le testeur est souvent employé par plusieurs sociétés de jeux vidéo en même temps.*

18| WEBDESIGNER

Le webdesigner ou graphiste Web réalise le design de site Web, mais aussi d'interfaces mobiles, d'applications ou encore de plateformes digitales avec plusieurs objectifs : répondre aux fonctionnalités du site, être ergonomique et respecter l'esprit du site ou de l'application.

Informaticien maîtrisant le code informatique et la programmation tout autant qu'artiste, le webdesigner va concevoir un design qui devra s'avérer fonctionnel, ergonomique et graphiquement en cohérence avec le contenu et les impératifs du référencement. Il est chargé tout à la fois des aspects graphiques – illustrations ou encore animations – et de maquette. À lui de choisir comment les principaux éléments de chaque page seront disposés, à lui aussi d'organiser la navigation à travers les différentes pages du site.

Sa priorité : respecter le cahier des charges du client tout en rendant le site attractif et intuitif auprès des futurs utilisateurs. Sous la responsabilité d'un directeur artistique et d'un chef de projet Web, il travaille généralement aux côtés d'un webmaster ou d'un développeur.

Le webdesigner travaille souvent dans une agence spécialisée en communication ou en publicité, voire en studio de création. Les indépendants sont également nombreux. Par la suite, il pourra s'orienter vers la conduite de projets Web ou digitaux, et manager des équipes.

- **Formation** : *S'il est possible de travailler avec un BTS ou un DUT spécialisé multimédia et métiers Internet, il est souvent recommandé de poursuivre sa formation jusqu'au bac + 3 – bachelor Web, bachelor Webdesign et communication graphique, création digitale, diplôme national des métiers d'art et du design (DNMADE) mention graphisme ou mention numérique voire jusqu'au bac + 5. Plusieurs écoles délivrent à ce stade des diplômes en conception multimédia ou design Web. Les DNSEP des écoles supérieures d'art option art sont également réputés.*

- **Salaire** : *Entre 2 000 et 2 500 euros bruts par mois.*

PARTIE III

LES GRANDES FILIÈRES DE FORMATION

Constatant le poids économique croissant et les besoins de recrutement galopants des activités de coding et de gaming, les grands professionnels de la formation n'ont pas été longs à ouvrir un grand nombre d'établissements qui sont venus rejoindre certains acteurs installés de plus longue date dans le monde numérique. Confrontées à une myriade de nouveaux arrivants, ces dernières écoles n'ont pas tardé à réagir et à adapter, quand elles en avaient besoin, leurs méthodes d'enseignement aux nouvelles manières de faire du secteur.

1| UN NOUVEL ENSEMBLE DE FORMATIONS AUX RÈGLES SPÉCIFIQUES

Tout un nouvel univers de formations s'est mis en place en quelques années pour aboutir à un ensemble d'écoles désormais relativement important. Des établissements aux caractéristiques par ailleurs tout à fait particulières qui forment un monde encore un peu hétéroclite, avec des modèles variés, mais obéissant à quelques points communs qui, eux, pourraient bien à l'avenir contaminer une bonne partie du monde de la formation.

Première caractéristique de bon nombre de ces écoles : une grande ouverture en termes de candidatures, la passion et la motivation passant souvent devant le parcours initial et les compétences précédemment acquises.

Deuxième spécificité de ces établissements : leur enseignement très novateur refusant les méthodes traditionnelles pour privilégier des biais d'apprentissage largement tournés vers le projet, le *learning by doing* et l'acquisition de compétences plus que de connaissances.

Enfin, bon nombre de ces cursus, et notamment les plus courts, sont avant tout des marchepieds vers une carrière pendant laquelle le professionnel devra lui-même compléter ses connaissances en permanence. Il est vrai que face à un secteur dont les technologies mutent en permanence, tout savoir classique et académique devient obsolète en peu de temps. La seule mission des écoles est alors de permettre à leurs élèves d'« apprendre à apprendre ». Le reste dépendra de leur propre motivation...

2| LES ÉCOLES DE CODING : OUVERTES À TOUS LES PROFILS (OU PRESQUE)

Premier atout de ces formations : leur grande ouverture. Certaines, en effet, ne demandent pas de savoir préalable, ni acquis académique, ni connaissances informatiques poussées. Seuls compteront le projet professionnel et la motivation du candidat.

Et même celles qui demandent de disposer du bac ou d'un bac + 2 resteront souvent très ouvertes en termes de profil, tout en demandant cependant à leurs candidats d'avoir réussi certains tests pratiques et de disposer d'un bon niveau d'anglais. Exemple avec Épitech : « *La condition principale pour être admis à Épitech est d'aimer vraiment l'informatique* », peut-on lire sur la page « Admissions » de son site Web. Les épreuves à l'entrée : un entretien oral de motivation, prévu pour durer une heure, puis un test d'anglais de 30 minutes, puis un test de logique, de 15 minutes. Le parcours de l'école s'étalant sur cinq années, il est possible d'intégrer Épitech en deuxième année par le biais des admissions parallèles, mais aussi en troisième année. Dans ces cas-là cependant, les diplômes requis doivent être en rapport avec la spécialisation informatique de l'école.

C'est d'ailleurs encore dans ce souci d'accueillir des profils variés que le groupe Ionis qui gère Épitech, mais aussi l'école Épita et diverses autres formations, a ouvert en 2010 la Web@cadémie en partenariat avec l'association Zup de co dont le but est de combattre le décrochage scolaire.

Fondée à l'origine pour les « décrocheurs », l'école n'a depuis pas dévié de ce positionnement et propose donc de former gratuitement des candidats avec ou sans bac dont l'âge importera peu.

« *C'est une vraie école de l'inclusion* », souligne Emmanuel Carli, directeur de cette formation. Idem pour la Coding Academy, dernière née du même groupe d'écoles – 22 semaines d'apprentissages –, dont les prérequis d'admission sont simples : « *Être titulaire d'un bac + 2 (toutes filières) ou avoir cinq ans minimum d'expérience professionnelle, être âgé de 20 à 55 ans, connaître des rudiments d'informatique, être motivé et prêt à travailler de nombreuses heures.* » Cette formation, en revanche, est payante, de 4 900 à 5 900 euros par an suivant le programme suivi.

Également emblématique de cette ouverture que veulent permettre les écoles de codes et d'informatique, l'École 42 lancée en 2013 par Xavier Niels, patron de Free, n'exige aucun prérequis d'entrée de ses élèves. « *Avoir 18 ans est la seule condition que nous avons dû fixer* », lit-on sur la page Web de l'établissement consacrée aux admissions. Par la suite, la procédure d'admission sera à la fois tout à fait inédite et extrêmement pragmatique. Tout d'abord un test en ligne, fait d'exercices de logique et de mémoire, puis un test « en piscine » durant tout un mois...

Emblématique des écoles d'informatiques, la « piscine » est en fait une session intensive de codage pouvant s'étaler pendant un mois. Mis en place tout d'abord par Épita il y a plus de 30 ans, le concept a ensuite été repris par Épitech – du même groupe Ionis – avant d'être reproduit très récemment par l'École 42, laquelle en a fait un principe de sélection. Un temps fort où les jeunes candidats sont confrontés pendant un mois, week-ends compris, à des exercices et projets informatiques qui leur sont confiés chaque matin à 8 h 42. Charge à eux de les résoudre pour le soir même, 23 h 42... Si des connaissances informatiques sont donc souhaitables, beaucoup d'endurance et de motivation seront également demandées. De quoi ne garder que les meilleurs ! La période est si intensive que 42 laisse même la possibilité à ses candidats d'apporter sur place leur sac de couchage ou leur lit de camp s'ils le souhaitent, tout en leur conseillant néanmoins de se trouver un logement plus décent... Chaque année, environ 70 000 personnes postulent à l'École 42, 3 000 s'essayent à la piscine, pour environ un millier d'admis.

3| DES PÉDAGOGIES DISRUPTIVES

L'une des caractéristiques de ces écoles est la totale originalité de leur pédagogie. Si bien des établissements d'enseignement supérieur ont abandonné au fil des années l'enseignement magistral classique en amphi pour privilégier des cours par petites classes, voire des enseignements par projets et autres travaux collectifs, les écoles informatiques sont pour beaucoup allées encore plus loin. Les cours y ont en effet disparu totalement ou presque, pour laisser la place à des projets à réaliser par les étudiants tout au long de leur scolarité. Et c'est en réalisant ces projets que les compétences viendront. L'exact inverse de l'enseignement classique où le prof transmet son savoir à l'élève qui ensuite le réutilise. « *À Épitech, nous avons poussé à 100 % la méthode projet, déclinant ce principe à chaque étape et à tous les contenus de nos formations*, confirme Emmanuel Carli, directeur de l'école d'informatique. *Même l'anglais, s'enseigne par ce biais. Dès lors, l'étudiant devient véritablement acteur de son apprentissage, chaque exercice sur lequel il travaille impliquant, pour être réussi, d'acquérir des connaissances spécifiques.* »

Et ce discours est le même ou presque dans bien d'autres écoles. Ainsi, la CCI de Paris Île-de-France, institution plutôt « installée » dans le paysage de la formation, a-t-elle lancé en 2017 la Coding Factory by Itescia où l'on forme en deux ou trois ans des développeurs par la méthode Scrum. « *Le Scrum est une méthodologie de direction de projet qui a été adaptée à l'éducation parce que beaucoup plus énergique et adaptée aux jeunes*, sourit Delphine Garnier, responsable pédagogique de l'établissement. *Les étudiants travaillent en open space et en équipe sur des projets confiés chaque lundi par leur professeur. Ils ont jusqu'au vendredi pour atteindre l'objectif fixé et présenter leur travail au reste de la classe. Soit un sprint par semaine tout au long de l'année.* »

4| DES FRAIS DE SCOLARITÉ SOUVENT ÉLEVÉS

Le message envoyé par ces écoles d'informatique est donc clair. Oui aux mordus d'informatique qui pensent code tous les matins en se rasant, mais oui aussi aux personnes en difficulté, aux demandeurs d'emploi et autres candidats à la reconversion professionnelle. Jeunes, moins jeunes, tout le monde y aura sa chance...

Ne nous leurrons cependant pas. Si un établissement comme 42 est gratuit, la plupart des formations du secteur seront payantes, et plutôt coûteuses puisque les frais d'inscription peuvent s'élever à plus de 8 000 euros par an. Bien entendu, et au même titre que d'autres établissements, il sera possible de financer ce cursus *via* notamment des bourses sur critères sociaux et autres aides attribuées par les Crous, par la région ou par les collectivités. L'alternance sera également souvent de mise, de quoi prendre en charge la scolarité des étudiants.

Il n'empêche. Payer 5 000 à 8 000 euros pour des parcours durant parfois à peine six mois dans certains bootcamps ne place pas ces écoles à la portée de toutes les bourses.

5| LES GRANDES TYPOLOGIES D'ÉCOLES

Les écoles d'ingénieurs

L'école Épita l'affirme haut et fort sur son site, un ingénieur est forcément généraliste de par sa capacité à travailler dans des environnements variés et à s'adapter aux diverses contraintes se présentant à lui. En quelques mots, tout est dit : les écoles d'ingénieurs spécialisées dans le numérique, si elles orientent leurs élèves vers une spécialité très marquée, vont aussi leur fournir tout un savoir disciplinaire et comportemental qui les rendra aptes à évoluer au long de leur carrière sans être le moins du monde handicapés par leur spécialisation initiale. Les écoles d'ingénieurs affichent actuellement un taux net d'emploi à six mois de 90 % pour des salaires situés généralement autour de 35 000 euros bruts par an en début de carrière, chiffres en hausse (source : conférence des grandes écoles 2019).

Pour réussir ce tour de force, la plupart de ces établissements optent pour le même schéma d'étude : ceux recrutant post-bac passent par un cycle préparatoire intégré et une première année de cycle ingénieur relativement généralistes, avant de mener les étudiants vers une ou plusieurs spécialités. Quant aux établissements recrutant après un bac + 2, le cycle ingénieur se déroule de la même manière. Première année généraliste, puis spécialisation immédiate ou progressive. La formation, très scientifique et technique, s'accompagne par ailleurs souvent d'une dimension généraliste certaine. Cours de langues, formation humaine, culture générale, sciences économiques et sociales.

Le modèle ayant fait ses preuves depuis longtemps, ces établissements font toujours partie des destinations préférées des étudiants. Tout comme elles restent le vivier de talents préféré de nombreuses entreprises qui disent chercher la nouveauté mais n'aiment rien tant que ces jeunes dont elles connaissent bien la formation.

Ne croyez pourtant pas que les « écoles d'ingés » soient restées sur leur piédestal toutes ces dernières années. Si le schéma général d'études reste le même, les adaptations de leur cursus ont été nombreuses. Aujourd'hui en effet, la plupart de ces établissements ont largement mis en avant les travaux de groupes, les projets professionnels confiés par des entreprises, les stages, les longues périodes d'immersion à l'international, et pour une large partie l'alternance. De quoi former des jeunes aux connaissances généralistes et pluridisciplinaires sans égales mais qui ont pu aussi se spécialiser sur les thématiques chères aux futurs développeurs. De quoi devenir des codeurs de grande qualité... et bien plus que cela !

Les écoles de commerce

Très présent dans les institutions scientifiques et techniques, le code est également enseigné – plus étonnant – au sein des écoles de management. Ce faisant, les écoles de commerce souhaitent initier leurs élèves à ces technologies auxquelles ils seront pour bon nombre confrontés une fois en situation professionnelle. Parmi les écoles qui se sont lancées, citons l'Ipag, l'EM Normandie ou encore l'ESCP Europe. Ce dernier établissement propose ainsi à ses élèves de première année un cours Digital inseights « algorithmics and programming ».

Les écoles spécialisées informatique et développement

Tout autant que les écoles d'ingénieurs, les écoles spécialisées en informatique, qu'elles s'appellent 42, Épitech ou Hetic, occupent une place de premier plan dans le monde de la formation au numérique et leurs diplômés sont très recherchés par le monde professionnel.

Accessibles le plus souvent niveau bac, hors Parcoursup, ces établissements restent aussi ouverts aux bac + 1/2/3 et 4, par le jeu des admissions parallèles. Sous réserve que le premier parcours réalisé soit compatible. La majorité de ces écoles soumettra ses candidats à un concours spécifique qui lui permettra de sélectionner les meilleurs. Dans ces écoles, le niveau scolaire n'est qu'un critère parmi d'autres et une forte motivation, une ouverture à l'objet informatique et un projet professionnel déjà relativement défini sont également essentiels pour les recruteurs.

Organisées sur deux à cinq années, ces institutions ont pour objectif de former des informaticiens confirmés. Des jeunes qui vont non seulement apprendre les langages les plus récents, mais aussi revenir aux bases de l'informatique. Plusieurs écoles expliquent ainsi apprendre à leurs élèves le langage C... Nostalgie des années 1970 ?... Vous n'y êtes pas. Selon Emmanuel Carli d'Épitech, « *une bonne formation nécessite un apprentissage approfondi de l'informatique. Et si aujourd'hui, le langage C ne gère presque rien et fait ramer les machines, il est pourtant important de l'aborder au cours d'une formation car il permet d'apprendre énormément de notions et d'appréhender très vite beaucoup des difficultés qui feront le quotidien des développeurs. Bref, l'intégrer permettra plus tard d'affronter tous les types de situations. Ce n'est qu'ensuite que nous introduirons le C++, le langage Objet, le Java ou encore le .Net* ».

Ces écoles spécialisées diplôment au niveau II (bac + 3) ou au niveau I (bac + 5). Elles affichent pour la plupart des taux d'insertion proches des 100 %...

Le code à l'université

Si les écoles spécialisées et les bootcamps sont en haut de l'affiche, l'université peut, elle aussi, proposer un certain nombre d'opportunités *via* des licences et masters en informatique sans oublier bon nombre de programmes spécialisés.

La licence en informatique sera souvent le premier pas pour apprendre la programmation. Des licences relativement généralistes à leurs débuts qui pourront, en cours de route, se spécialiser vers certains domaines comme l'ingénierie informatique ou encore les mathématiques informatiques. Au programme, de l'algorithmique, de la programmation, du raisonnement mathématique ou encore des probabilités. De quoi s'initier tout aussi bien à la programmation qu'aux réseaux ou aux bases de données. La licence informatique, de niveau bac + 3, sera suivie la plupart du temps d'un master informatique, mais il sera néanmoins possible d'intégrer plus rapidement le marché du travail à des postes de développeur ou d'analyste programmeur. Un certain nombre de cursus master en ingénierie ont par ailleurs été mis en place ces dernières années, en lien avec ces licences. De quoi ouvrir les étudiants à des disciplines proches de l'informatique et les initier notamment à la recherche.

Niveau master, de nombreuses spécialités existent, qui peuvent mener à la programmation mais aussi à bien d'autres métiers : conception logicielle, informatique embarquée, informatique, intelligence artificielle et apprentissage automatique, technologies de l'information et Web, image, développement et technologies 3D, etc.

Enfin, le cursus Miage – Méthodes informatiques appliquées à la gestion des entreprises – est très réputé pour délivrer une double formation en informatique et en gestion des entreprises. Ce programme recrute la plupart du temps aux niveaux bac + 2/3 des titulaires de BTS, DUT, L2 ou L3 en informatique pour une formation classique ou e-learning. Le diplôme délivré est le master 2. Il existe une vingtaine de Miage en France. À l'issue de leur formation, les « miagistes » auront été formés non seulement à l'informatique mais aussi au monde de l'entreprise. Ils pourront exercer en qualité de développeur, de gestionnaire d'application ou encore d'auditeur informatique.

Un foisonnement de formations courtes

L'un des facteurs expliquant le succès actuel des formations au coding et au gaming réside bien sûr en la très courte durée de toute une catégorie d'entre elles. Étudiant, vous souhaitez entrer au plus vite sur le marché du travail ? Adulte en quête de reconversion, vous voudriez retrouver un emploi sans repasser plusieurs années en formation ? Alors les pures écoles de code sont peut-être faites pour vous. Souvent appelées bootcamps, elles sont capables de diplômer des développeurs en quelques semaines pour les plus rapides, jusqu'à 11 mois pour les cursus les plus complets. Le secret de ces parcours ? Focaliser immédiatement l'apprentissage sur certaines technologies très concrètes et très demandées par les entreprises, sans autres fioritures. Oubliez la théorie, on y va droit au but, et l'acquisition de connaissances et de compétences y est intensive. Selon les parcours, vous serez davantage familiarisé à certaines technologies. Les projets pédagogiques à entreprendre seul ou avec quelques camarades seront fréquents. Certaines formations ont par ailleurs mis en place des modules complémentaires, par exemple de recherche d'emploi. Le stage en entreprise et l'alternance sont souvent proposés.

Attention, ces écoles ne forment pas de réels experts en informatique mais ceux qui en ressortiront disposeront cependant de bases solides pour coder immédiatement dans certains langages et surtout pouvoir ensuite progresser par eux-mêmes et parfaire leur culture Web et développement. « *Nous ne prétendons pas former des ingénieurs informaticiens*, confirme Romain Paillard, cofondateur du Wagon qui fournit à ses élèves neuf semaines de formation fullstack. *Pas question en cela de se comparer à Épitech ou à l'École 42. Nos diplômés n'iront pas explorer toutes les couches de la machine mais ils seront capables de faire du Web, du HTML ou du CSS, et surtout de travailler par la suite en autonomie au service d'une entreprise ou au service de leur propre projet.* »

Les écoles de gaming et d'esport

De la même manière que des écoles de code se sont récemment créées un peu partout, les écoles de gaming sont elles aussi en plein essor. Dans ce cas-là cependant, il ne s'agira pas, pour la plupart, de concevoir des jeux mais de former les professionnels capables de manager une société évoluant dans le jeu vidéo ou de gérer de grands événements esport.

Les premières sont souvent des écoles de commerce et de management mais dont les apprentissages seront tournés vers le secteur spécifique du jeu vidéo. On ne vend pas Fortnite et tout l'environnement dérivé de la même manière ni au même public qu'un savon ou une automobile. Au programme : gestion, marketing, vente, langues, droit du sport, droit de la communication, création graphique, efficacité managériale, leadership, branding... Si certains établissements privilégient les jeunes bacheliers, d'autres ne s'interdisent pas d'accueillir des profils plus atypiques en termes d'âges, voire des personnes en reconversion professionnelle.

Au programme, cours théoriques, mais aussi beaucoup de projets concrets, pendant lesquels les étudiants vont travailler sur divers cas de figure, seuls ou en équipe, et assistés ou non de coaches ou de professionnels. Beaucoup d'écoles privilégiant l'apprentissage de compétences plutôt que de strictes connaissances.

Qu'ils durent trois ou cinq ans, les parcours de longue durée suivent généralement le même schéma : une première phase généraliste pour acquérir les fondamentaux du secteur, puis une spécialisation.

Ces établissements recrutent pour la plupart au bac, et diplôment au niveau bac + 3 et bac + 5. « *Nous pouvons accueillir tout autant les bacheliers généraux que des élèves sortant des filières technologiques ou professionnelles* », explique Sylvain Gandolfo, directeur national des études d'Isefac bachelor et de l'École XP nouvelle venue dans le secteur, ouverture prévue à la rentrée 2019.

La seconde catégorie d'établissements, qui forment à l'esport proprement dit est en revanche beaucoup plus particulière. Les formats y seront beaucoup plus courts – un an, deux ans grand maximum. Quant aux enseignements, ils seront tout à fait atypiques : entraînement, coaching, préparation physique et psychologique, on est beaucoup plus proche des centres de formation pour sportifs de haut niveau que d'« écoles » proprement dites. Ne pas oublier cependant des modules de langues, de droit du sport, de gestion ou encore de communication. De quoi former des champions, mais des champions à même d'évoluer avec aisance face à tous les types d'interlocuteurs.

Parmi les compétences que promettent d'aborder les Paris Gaming School, Helios Gaming School et autres Power House Gaming – quelques noms parmi d'autres – figurent l'animation, le marketing, la gestion, l'informatique, l'organisation d'événements, le coaching ou encore le streaming et le développement commercial esport.

Pour élargir le spectre de formation existent enfin des cursus plus longs qui permettent d'élargir ou d'approfondir l'éventail des disciplines abordées. Ainsi la Power House Gaming de Mulhouse propose-t-elle un parcours bac + 3 nommé Sport et esport en trois ans monté avec l'ISG, l'université de Haute-Alsace et le RC Strasbourg-Alsace. « *Beaucoup d'élèves ne percent pas en tant que joueurs professionnels*, confirme Thierry Debarnot. *Il est donc important qu'ils suivent aussi des capsules pédagogiques d'anglais, de prise de parole en public ou encore de communication en ligne. De quoi assurer leur éventuelle reconversion.* »

Jeu vidéo : les formations dans la création

Le monde du jeu vidéo compte enfin de nombreuses écoles de création. Plus anciennes que leurs consœurs de gaming ou d'esport, elles n'en sont pas moins innovantes. Les établissements français de création sont par ailleurs réputés dans le monde entier.

Aux côtés de nombreux DUT informatique et autres filières courtes, les écoles les plus renommées sont le Cnam-Enjmin d'Angoulême, Lisaa, Isart Digital, ou encore, entre autres, Supinfogame Rubika. Elles recrutent suite au bac ou suite à un bac + 2 pour des parcours durant en général de trois à cinq ans. Si certains autodidactes parviennent encore à faire carrière dans le jeu vidéo, elles n'en sont pas moins de plus en plus indispensables. Ce qui explique une forte sélectivité à l'entrée et leur volonté de recruter non seulement des jeunes d'un bon niveau général mais aussi des jeunes très motivés. À ce stade, les candidats ayant déjà à leur actif quelques travaux amateurs auront donc une bonne carte à jouer. Si ces écoles de création accueillent des étudiants de profils variés, les jeunes issus de filières scientifiques, artistiques ou encore de parcours informatiques sont les bienvenus…

Niveau formation, on y trouve des cours de langues, de dessin, de graphisme, d'animation, de la culture ludique, du game design, du management et de la gestion de projet, etc. Sans oublier de nombreux enseignements pratiques, projets individuels et collectifs, périodes intensives dédiées à la création ressemblant parfois aux piscines des codeurs, travaux de fin d'année, projet de fin d'études et bien sûr stages. Il s'agit de former des diplômés rapidement opérationnels, et ces écoles ne l'oublient pas.

L'alternance est aussi une formule régulièrement encouragée dans ces établissements dont le coût, ici comme ailleurs, peut flirter avec la barre des 10 000 euros annuels. Des tarifs importants, mais qu'il faut mettre en rapport avec les chances d'insertion professionnelle.

Bien choisir son école

De manière générale, bien choisir son école revient à bien cerner son besoin... Vous souhaitez travailler rapidement ? Une formation courte et opérationnelle sera faite pour vous. Vous vous imaginez plutôt sur le long terme diriger des équipes et gérer de plus importants projets ? Tentez l'école d'ingénieurs ou l'école spécialisée menant au bac + 5...

En plus des classements, un facteur essentiel permet de ne pas se tromper sur la qualité d'un établissement : l'insertion professionnelle de ses diplômés. L'objectif de ces écoles étant avant tout de donner de l'emploi à ses élèves, l'insertion est en fait un critère déterminant. Le mieux est donc d'aller consulter les enquêtes emploi régulièrement publiées par les meilleures écoles pour se rendre compte de leur capacité à « placer » leurs élèves. Autre possibilité : se rendre sur les réseaux sociaux professionnels de type LinkedIn pour examiner les postes occupés par les diplômés de ces établissements. N'hésitez pas non plus à vérifier les rapports de l'école avec son environnement professionnel. Une formation qui travaille en lien avec les meilleures entreprises de son secteur pourra en effet proposer à ses élèves l'intervention en cours de professionnels prestigieux et des stages de bonne qualité. Une institution proche de son univers professionnel aura par ailleurs plus de facilité à monter des programmes véritablement pertinents.

Enfin, n'oubliez pas de vérifier que ces formations sont reconnues par le RNCP – Répertoire national des certifications professionnelles. Cette reconnaissance attribuée à chaque programme par une commission spécialisée et indépendante permet en effet de vérifier que le cursus en place correspond à un réel besoin du monde professionnel.

6| QUELQUES FORMATIONS

Cette partie qui liste quelques formations n'est absolument pas exhaustive. Il s'agit de présenter quelques exemples d'écoles reconnues dans leur domaine, l'informatique au sens large. À noter que pour l'heure, un grand nombre de ces établissements ne recrute pas sur Parcoursup.

Les écoles d'ingénieurs

L'Isep

L'Isep recrute dès le bac mais aussi de manière plus classique, à bac + 2. Les jeunes bacheliers S et STI2D rejoignant l'établissement par le biais de Parcoursup débuteront leur parcours par deux années de « classes préparatoires associées » suivant le programme des prépas MPSI/PSI (mathématiques physique-sciences de l'ingénieur/ et physique-sciences de l'ingénieur). Deuxième possibilité offerte à ces bacheliers : rejoindre le cycle intégré international qui prépare lui aussi à intégrer plus tard le cycle ingénieur, avec en plus un semestre à l'international en deuxième année.

On peut enfin entrer à l'Isep après un bac + 2 (il peut s'agir d'une prépa ou à d'une première filière de type BTS, DUT ou licence scientifique et technique). Le cycle ingénieur, possible par la voie classique ou par l'apprentissage, propose une année de tronc commun autour de disciplines essentielles comme l'électronique, l'informatique, les télécommunications et les sciences des données. Puis viendra la spécialisation, pendant deux ans dans des spécialités de type Architecte des systèmes d'information, Ingénieur logiciel, Ingénieur sécurité numérique et réseaux, ou encore Architecte télécommunications et IoT. Plusieurs doubles diplômes sont possibles à l'international mais aussi en France.

Tarifs : *3 260 euros par an pour les deux années préparatoires, 8 490 euros pour le cycle ingénieur.*

Internet : *www.isep.fr*

L'Efrei

L'Efrei Paris est une école d'ingénieurs capable d'accueillir des étudiants tout au long de son parcours, depuis le bac, *via* Parcoursup, jusqu'en troisième voire quatrième année, après une L3 ou encore un master scientifique.

Après les deux années de prépa intégrée, le cycle ingénieur qui débute à bac + 3 démarre par une première année destinée à harmoniser les connaissances des étudiants arrivant des diverses filières de formation. En cours d'année, les élèves devront partir pour un semestre académique en Afrique du Sud, en Pologne, au Canada ou encore en Inde. Suivra le cycle ingénieur organisé en 12 spécialisations parmi lesquelles Information system & cloud engineering, software engineering, Sécurité des SI ou encore big data.

À noter que cette institution propose aussi divers programmes « spécialisés », qui sont autant de BTS, bachelors et autres masters de plus courte durée – un à trois ans – chacun spécifiquement accessibles.

Tarifs : *Les deux années de cycle préparatoire sont facturées 6 600 puis 7 600 euros. Les trois années du cycle ingénieur coûtent pour leur part 7 800 euros.*

Internet : *www.efrei.fr*

Télécom ParisTech

L'ancienne école des télécommunications a bien évolué ces dernières décennies pour devenir l'une des formations en pointe dans le très large domaine du numérique et des réseaux. De fait, elle forme à un monde bien plus large que la seule informatique, mais ses spécialisations dans le domaine en font néanmoins un établissement des plus pointus en la matière.

Uniquement accessible à bac + 2, l'institution accueille une majorité d'étudiants issus de prépas scientifiques (concours commun Mines-Ponts), mais les admissions parallèles y sont cependant nombreuses : DUT Génie électrique et informatique industrielle (GEII), Mesures physiques et Réseaux et télécoms, ou encore L3 et masters scientifiques universitaires.

Après une première année de tronc commun, les élèves ingénieurs se voient proposer une orientation à la carte entre diverses filières parmi lesquelles certaines enseignées à Paris-Saclay (Réseaux, communications et cybersécurité, IA et science des données, Mathématiques et informatique théorique, ou encore Systèmes informatiques, interactifs et embarqués) et celles de Sophia Antipolis Eurecom (Communications mobiles, Objets intelligents, Science et génie des données, etc.) En troisième année viendront enfin de multiples options ou la possibilité d'un double diplôme ou d'études à l'international.

Tarifs : *Télécom ParisTech est une école publique. En forte hausse ces dernières années, ses droits d'inscription restent pourtant parmi les moins élevés, à 2 650 euros par an.*

Internet : *www.telecom-paris.fr*

Épita

L'école Épita fait partie des formations les plus connues du secteur. Notamment pour avoir mis en place très tôt des méthodes pédagogiques alors totalement originales, car tournées vers la réalisation de projets et le travail de groupe – ce qui n'était pas commun à sa fondation en 1984. Reconnue école d'ingénieurs depuis 2007, elle recrute ses élèves juste après le bac mais peut aussi les intégrer tout au long de son parcours, jusqu'en quatrième année

Durant le cycle ingénieur, le programme s'organise en une première année de tronc commun suivie de deux années de spécialisation entre majeures et mineures, jalonnées de stages professionnels en France ou à l'étranger. Parmi les principales majeures : MTI (Multimédia et technologies de l'information), SRS (Systèmes, réseaux et sécurité), GISTRE (Génie informatique des systèmes temps réel et embarqués), TCOM (Télécommunications), SIGL (Système d'information et génie logiciel), GITM (Global IT management), SCIA (Data science et intelligence artificielle), et enfin la majeure IMAGE. À l'exception de cette dernière, on retrouve toutes ces majeures en troisième année.

À noter l'existence d'une section anglophone de bac à bac + 3 qui permet d'accueillir des étudiants étrangers mais aussi français pour un cursus tout en anglais. Il est également possible de devenir ingénieur par l'apprentissage.

Tarif : *Le tarif annuel est de 7 087 euros par an pour le cycle préparatoire, et de 8 882 euros par an pour le cycle ingénieur. Gratuit en apprentissage.*

Internet : *www.epita.fr*

Les écoles spécialisées

42

Fondée en 2013 par Xavier Niels et Nicolas Sadirac – auparavant fondateur d'Épitech –, l'École 42 a un maître mot : l'ouverture. C'est pourquoi elle n'exige pas de prérequis à l'entrée. Il faut juste avoir plus de 18 ans.

Quant aux enseignements prodigués par cette école, ils sont des plus originaux. Après la « piscine », vrai marathon de sélection prévu pour ne garder que les meilleurs futurs codeurs, débute la formation pendant laquelle les élèves vont travailler sans aucun prof sur différents projets devant leur permettre d'acquérir les compétences nécessaires au métier de développeur.

Le programme de l'École 42 dure en théorie trois ans, de quoi aborder tous les projets prévus – 5 grandes disciplines et 17 compétences – mais aussi passer du temps en stage ou à travailler à temps partiel en entreprise. Dans les faits cependant, ce cursus peut être raccourci ou allongé en fonction du besoin, le tout selon un principe de « gamification ». Certaines compétences acquises ou certains projets scolaires ou extrascolaires permettant de débloquer des XP ou de passer des levels, de quoi entreprendre de nouvelles quêtes.

Tarif : *L'École 42 est gratuite. Difficile d'être très précis sur l'insertion professionnelle des ex-42 puisque l'école est toute jeune. Il semble cependant que ces derniers n'aient aucune peine à trouver un travail en entreprise et surtout en start-up, pour des salaires très proches de ceux que décrochent les jeunes ingénieurs.*

Internet : *www.42.fr*

Épitech et Web@cadémie

Épitech a été fondée en 1999 en reprenant la philosophie mise en place à l'origine par Épita, institution du même groupe de formation, le groupe Ionis. La méthode d'apprentissage est simple : active, 100 % de projets, pas de cours magistral ni d'enseignement traditionnel de prof à élève.

Épitech propose trois programmes à destination de publics différents. Organisé en cinq ans, le programme traditionnel forme des experts en informatique *via* un cursus complet pendant lequel les étudiants vont donc mener une multitude de projets. Le tout ponctué de temps forts tels que la « piscine » de première année qui permet d'acquérir très tôt la méthodologie et les savoirs techniques de base. Les nombreux travaux prévus tout au long de la scolarité permettront aussi d'acquérir au fil du temps divers langages et technologies, sans oublier le projet de fin d'études appelé Épitech Innovative Project. Ne pas oublier la quatrième année à l'étranger.

Si l'école est accessible dès le bac, on peut aussi l'intégrer en cours de route. À signaler qu'Épitech dispose de campus répartis dans toute la France.

Désireux d'élargir son recrutement, le groupe Ionis a également ouvert en 2010 la Web@cadémie qui veut former des développeurs en deux ans – une année de formation au sein d'Épitech et un an d'alternance. Originalité de l'école, la possibilité d'y entrer sans avoir le bac, ce qui permet d'y accueillir un public bien plus large pour quatre semestres de développement Web, consacrés à des technologies telles que le HTML5/CSS3, le Javascript, le PHP ou encore Appcelerator. Les études étant financées par les partenaires de l'établissement, les étudiants n'ont aucun frais à leur charge.

Épitech a par ailleurs mis en place la Coding Academy, format court de 22 semaines à destination des diplômés d'autres secteurs ou de salariés en reconversion professionnelle.

Tarif : *6 630 euros par an pour les deux premières années, 8 580 euros les trois années suivantes.*

Internet : *www.epitech.eu/fr et http://Webacademie.org*

Hetic

École d'excellence dans les métiers du Web, Hetic a ouvert ses portes en 2001. Accessible post-bac, l'établissement propose plusieurs cursus dont deux bachelors (bac + 3) Développeur Web et Webmarketing & UX, un bac + 3 digital ou encore deux masters (bac + 5) Bigdata et marketing, et Webmarketing & UX. Enfin, ne pas oublier le programme grande école, construit sur cinq ans. Dès leur arrivée, Hetic plonge ses élèves dans la technologie et le code, avec une part d'enseignements complémentaires qui pourront varier entre la première et la dernière année – développement personnel, stage, marketing et Webmarketing ou encore formation à l'entrepreneuriat.

Bien entendu, Hetic peut aussi s'intégrer en cours de route, la troisième année étant un bon point d'entrée pour les titulaires de DUT MMI et informatique, voire les BTS MCO (ex-MUC).

Tarif : *Les frais de scolarité sont de 6 850 euros en première et deuxième années, 7 600 euros en troisième et quatrième années. La dernière année est proposée alternance, les frais de scolarité sont donc pris en charge.*

Internet : *www.hetic.net*

Supinfo

Très réputée, l'école Supinfo qui forme des étudiants dans les médias ou encore les arts digitaux et le design propose aussi plusieurs formations en informatique *via Supinfo Institute of Information Technology.* Tout d'abord l'Associate of science (bac + 2) ou technicien en informatique, puis le bachelor of science (bac + 3) avec ou sans distinction BSc. Enfin au bout de cinq années post-bac survient le master of science ou Expert en informatique. De quoi, pour les diplômés, envisager des carrières d'ingénieur développement, consultant ingénieur d'études, chef de projet, administrateur réseaux, consultant en sécurité ou encore architecte en base de données.

En parallèle à leur parcours, par défaut relativement généraliste en informatique et Web, les étudiants peuvent s'engager dans certaines options de spécialisation. Quelques exemples : HTML 5 : développement Web nouvelle génération, Mobile & responsive Web device, Cloud computing : sécurité du cloud ou encore Administration de hadoop pour solutions Big Data.

Tarif : *Le tarif normal d'une année d'études Supinfo est de 6 100 euros.*

Internet : *www.supinfo.com*

Coding Factory by Itescia

Fondée en 2017, l'école appartient à la CCI de Paris Île-de-France. Deux formations sont proposées. La première forme des codeurs informatiques. Elle dure d'un à deux ans selon la volonté de l'élève de pousser ou pas son apprentissage. Le diplôme délivré est reconnu par l'État et certifié RNCP de niveau III (bac + 2). La seconde est un bachelor Développeur de solutions mobiles et connectées. Elle dure un an, et s'organise en deux formules. Soit un temps plein à 6 000 euros l'année, soit un parcours en alternance selon un rythme de deux semaines en école suivies de trois semaines en entreprise, tout au long de l'année. Dans ce derniers cas de figure, la formation est gratuite, comme c'est la règle pour l'alternance.

Il est ensuite possible de partir travailler, mais l'école propose aussi de poursuivre ses études vers le master of science Manager en ingénierie informatique de l'Itescia.

Tarif :
- *Formation 1 : De 0 à 5 000 euros selon que l'on choisira la formule classique ou l'alternance.*
- *Formation 2 : 6 000 euros l'année*

Internet : *https://codingfactory.fr*

Les formats courts

Le Wagon

Bootcamp par excellence, le Wagon forme ses étudiants au code en neuf semaines. Installé à Paris, Bordeaux, Lyon, Marseille, Lille mais aussi Amsterdam, Barcelone, Lisbonne, Londres, Oslo, Shanghai, Tokyo ou encore Mexico et Tel Aviv, cet acteur de la formation express dispose de solides arguments : une formation intensive de 450 heures, une communauté de presque 5 000 anciens déjà actifs partout dans le monde et aucune connaissance technique préalable requise. L'école délivre un titre professionnel de niveau II (bac + 3) de concepteur développeur d'applications Web validé en novembre 2018.

Chaque candidat doit avoir au minimum 17 ans.

Tarif : *Entre 5 500 et 6 900 euros.*

Internet : *www.lewagon.com/fr*

Le Réacteur

Autre appellation atypique pour une école également très originale. Le Réacteur propose un parcours de développeur Web et mobile possible en 10 semaines à temps plein ou 25 semaines à temps partiel (400 heures au total). Ouvert aux particuliers comme aux professionnels, l'établissement a pour vocation de faire de ses élèves des développeurs par la suite totalement autonomes qui pourront créer des sites Web et des applications mobiles.

Tarif : *5 900 euros.*

Internet : *www.lereacteur.io*

Wild Code School

Installée sur 13 sites en France mais aussi à Berlin, Lisbonne, Madrid et Bruxelles, la Wild Code School propose une formation de Développeur Web et mobile de cinq mois mais aussi une formation de Data analyst de même durée. Existent également une prépa numérique d'un an et un cursus Développeur d'application en alternance d'un an.

Elle accueille des étudiants sans condition de diplôme du moment qu'ils ont 18 ans. Dès lors, le public est très varié, des jeunes en échec scolaire au public surdiplômé en quête d'une formation et d'une insertion professionnelle rapide.

Tarif : *6 000 euros.*

Internet : *https://wildcodeschool.fr*

Simplon.co

Plus « entreprise sociale et solidaire » que véritable établissement de formation, Simplon est cependant un acteur très connu du monde numérique qui a formé plus de 4 500 personnes aux métiers du numérique depuis sa fondation en 2013. La conviction des fondateurs de l'entreprise est qu'il faut lutter contre la fracture numérique. C'est pourquoi Simplon accueille en formation des adolescents en marge du système scolaire, des adultes en proie au chômage longue durée ou encore des personnes en reconversion pour les mener vers les métiers suivants : développeur Web, formateur, chef de projet digital ou encore entrepreneur.

Pour ces publics, Simplon propose des cursus gratuits et intensifs faits de projets et en lien constant avec le monde de l'entreprise dans lequel l'apprenant est immergé tout au long de son parcours. Bien que très différent des autres acteurs de la formation, Simplon n'en délivre pas moins des titres professionnels reconnus par l'État et inscrits au RNCP ou encore des titres du ministère du Travail.

Parmi les cursus proposés par Simplon : Développeur Web (7 à 20 mois), Référent digital (7 à 20 mois), Développeur data (7 à 20 mois), Développeur data I.A (7 à 20 mois), Coder et déployer une application Web simple (3 mois), animateur de tiers-lieu de fabrication numérique

(3 mois). D'autres parcours sont par ailleurs proposés pour découvrir Wordpress (3 mois), les méthodes agiles (2 à 6 jours) et autres cursus très courts.

Tarif : *Gratuit.*

Internet : *http://simplon.co*

La Grande École du numérique

La Grande École du numérique n'est pas un établissement mais plutôt un label qui regroupe actuellement environ 750 formations à travers toute la France. Des parcours formant aux métiers de développeur Web, technicien en cybersécurité ou encore data analyst, doivent permettre de mener aux métiers de demain.

Ces cursus ont pour point commun d'être ouverts à tous les publics, et notamment les publics pour lesquels les études classiques sont moins accessibles. Ainsi le dernier appel à labellisation GEN voulait-il labelliser 30 % de ces nouvelles formations au sein des quartiers prioritaires de la ville. Depuis 2015, la GEN a permis de former presque 20 000 apprenants. En 2018, trois mois après leur départ, 58 % des personnes concernées avaient accédé à l'emploi. Et beaucoup d'autres ont poursuivi leurs études. En 2018 toujours, les formations de la GEN ont enregistré plus de 66 000 candidatures, 57 % des entrants ayant un niveau bac ou inférieur.

Internet : *www.grandeecolenumerique.fr*

Les écoles de gaming

Helios Gaming School

L'Helios Gaming School a mis en place un parcours très spécialisé conçu pour former à quatre métiers : esportif professionnel, community manager, organisateur d'événements, technicien de production audiovisuelle. Chacun de ces programmes dure un an, avec selon les spécialisations des formations différentes : entraînement et coaching sur League of Legends et Raimbow 6, culture générale et expression, droit et commerce, anglais, hygiène de vie, vidéo et technique audiovisuelle, etc. Parcours ouverts dès le bac.

L'Helios Gaming School propose par ailleurs un cursus en alternance d'un an menant au métier de chargé de développement commercial, spécialisation esports. Prévue en alternance, cette dernière formation est donc gratuite. Il faut avoir un bac + 2 pour l'intégrer.

Tarif : *entre 6 800 et 7 900 euros, gratuit pour la formation en alternance.*

Internet : *http://www.heliosgamingschool.fr/*

Isefac bachelor et école XP

L'école Isefac propose parmi plusieurs autres programmes un bachelor (bac + 3) Esport & gaming qui permettra à ses diplômés de travailler au cœur des événements esportifs. Adressé à de jeunes bacheliers généraux et technologiques, le programme consiste en des langues, des ateliers de création graphique, du droit du sport et esport, du management d'équipe, de l'organisation d'événements ou encore des gaming sessions, sans oublier bien sûr un stage de professionnalisation de six mois en troisième année dans le secteur esport ou gaming.

À travers ses différentes formations, Isefac veut promouvoir l'initiation, l'expérimentation et la professionnalisation. Une fois diplômé, il sera possible d'entrer dans le monde du travail ou de poursuivre ses études au sein de la toute nouvelle école XP lancée par le groupe Ionis auquel appartient Isefac bachelor, laquelle diplômera à bac + 5 les mêmes spécialistes esport/gaming, mais à un stade encore plus poussé.

Tarif Isefac : *5 400 euros par an si versement unique.*

Internet : *www.isefac-bachelor.fr et www.xp.school*

Le Gaming Campus : Gaming Business School et Gaming Academy et Gaming school

Au sein du Gaming Campus de Lyon se sont ouverts très récemment plusieurs établissements et tout d'abord la Gaming Business School qui se présente comme une école de management et de commerce mais adaptée au jeu vidéo. Elle délivre un bachelor (bac + 3) et un master (bac + 5) menant aux métiers du marketing, de la communication ou encore de l'événementiel, mais appliqué au monde vidéoludique. L'école recrute post-bac, mais il est aussi possible d'y entrer en cours de scolarité.

La deuxième école, appelée la Gaming Academy propose sur deux ans de former à trois métiers très spécifiques : athlète esportif de haut niveau, entrepreneur influenceur et Talent vidéo.

Il existe enfin une troisième école qui propose, en ligne, d'apprendre à jouer aux jeux vidéo et d'y progresser, quel que soit son niveau de départ.

Tarif Gaming Business School : *8 050 euros par an en bachelor, 8 750 euros en master.*

Internet : *https://gamingcampus.fr et https://gaming.bs*

Les écoles de création

Supinfogame Rubika

L'école fondée en 2001 fait partie des meilleures au monde dans le jeu vidéo. Pour preuve, ses diplômés travaillent en France mais ils sont aussi nombreux à être partis tenter leur chance à l'international.

Après un recrutement très ouvert puisque l'établissement accueille des bacheliers de toutes les filières, Supinfogame Rubika propose trois spécialisations à ses élèves : le game art où l'on va apprendre la conception des éléments visuels d'un jeu, le game design qui s'occupe davantage de conception de gameplay et le game programming (bac + 4/5 uniquement), plus technique. Il faut à chaque fois cinq ans de parcours, pour décrocher tout d'abord le bachelor Rubika (bac + 3) puis le titre de réalisateur vidéoludique, certifié RNCP de niveau 1 (bac + 5). Au programme, des cours et workshops en vidéo, motion design, animation, etc., mais aussi des stages (trois à six mois en dernière année) et des projets de création en équipe de jeux vidéo.

Il est également possible d'intégrer l'école directement en quatrième année. Il faut pour cela être déjà titulaire d'un bac + 3.

Tarif : *8 250 euros par an en bachelor, 9 500 euros en cycle supérieur.*

Internet : *https://rubika-edu.com/*

Cnam-Enjmin

L'Enjmin est une figure très connue du jeu vidéo, en témoignent ses prestigieux partenaires académiques : le Cnam – Conservatoire national des arts et métiers –, les universités de La Rochelle et de Poitiers, et les Gobelins, l'École de l'image... Aujourd'hui, le Cnam-Enjmin forme à tous les domaines et métiers de la création numérique : game design et narration interactive, conceptions graphique et sonore, marketing de projet, marketing ou encore conception des architectures numériques et des logiciels, sans oublier la psychologie et sociologie appliquée à la conception de l'interaction homme-machine...

L'établissement propose trois formations :
• un master Jeux et médias interactifs numériques ouvert aux titulaires d'un bac + 3 ;
• un master spécialisé ® Interactive Digital Experiences Designer d'expérience interactive et ludique pour le jeu vidéo, la culture et la communication, en partenariat avec les Gobelins. Recrutement à bac + 5 ;
• un parcours d'ingénieur en sciences et technologies des médias numériques en apprentissage (STMN) qui recrute à bac + 2.

Tarif : *Les frais d'accès au master Jeux et médias interactifs numériques sont de l'ordre de 350 euros (droits universitaires + CVEC), le mastère spécialisé coûte, lui, 10 600 euros (il sera gratuit dans le cadre du contrat de professionnalisation). Enfin le parcours ingénieurs est également pris en charge par l'entreprise d'apprentissage et l'étudiant sera même rémunéré.*

Internet : *www.cnam-enjmin.fr/ecole-nationale-du-jeu-et-des-medias-interactifs-numeriques-enjmin-accueil-1036162.kjsp*

Lisaa

Habituée à former des spécialistes de l'animation 2D/3D, du jeu vidéo et des effets spéciaux, l'école Lisaa propose entre autres un bachelor (bac + 3) Concepteur jeu vidéo, deux bachelors Animateur 2D et Animateur 3D mais aussi un master (bac + 5) Game art & game design et un master Scénariste-cinéma d'animation et jeu vidéo. Ne pas oublier le MBA Producteur de jeu vidéo, en un an.

Les bachelors sont accessibles niveau bac mais aussi en cours de parcours, après étude de dossier et entretien. On peut intégrer les masters avec le bac + 3 validé de Lisaa ou d'une autre école spécialisée, par exemple en animation numérique. Le MBA enfin s'adresse à des diplômés bac + 4/5 d'écoles de commerce, de facs de droit ou encore d'écoles de communication, arts appliqués etc. Il est aussi ouvert aux entrepreneurs et aux professionnels.

Tarifs : *Entre 7 590 et 9 190 euros pour les cursus en animation et jeu vidéo situés à Paris. Certains programmes sont aussi proposés sur les sites de Lisaa en province, à des coûts légèrement inférieurs.*

Internet : *www.lisaa.com*

Isart digital

Très réputée dans le monde de l'animation 3D-FX et du jeu vidéo, Isart Digital met également l'alternance en valeur. À partir de la deuxième année de formation en effet, les étudiants se verront proposer un programme fait d'une succession de périodes d'une semaine de cours suivies d'une semaine en situation professionnelle, cela tout au long de la saison. Objectif : former des jeunes capables de travailler en équipe et de s'insérer facilement en environnement entreprise. Ces semaines professionnelles pourront prendre la forme de stage ou contrat de professionnalisation, mais il peut s'agir aussi de passer du temps à réaliser des projets personnels ou professionnels, ou encore de suivre des masterclasses professionnelles.

Isart Digital propose, entre autres, quatre bachelors (bac + 3) en Game design, Game design & prog., Game programming et Game art. Viennent ensuite cinq masters jeu vidéo en Game art, Game design, Game design & prog, Game programming et Producer.

Tarifs : *De 7 500 à 8 100 euros par an.*

Internet : *www.isartdigital.com/fr*

PARTIE IV

TÉMOIGNAGES

Dipty Chander, étudiante à Épitech et GMP process coordinator EMEA chez Google

« Créer un monde qui n'existe pas encore »

Étudiante à Épitech, Dipty Chander a rejoint les études informatiques alors que tout le monde l'en dissuadait. Pourquoi ? Parce qu'elle est une fille. Aujourd'hui, elle préside l'association E-mma qui veut promouvoir la place des jeunes filles dans le numérique.

Pourquoi avoir voulu devenir développeuse ?

Cette envie vient des petites vidéos que je faisais toute jeune, sur l'ordinateur de ma sœur aînée. Tout en montant nos photos de familles, je trouvais passionnant de pouvoir y ajouter des effets spéciaux ou des bruitages... Très vite, j'ai voulu comprendre comment les ordinateurs et les téléphones fonctionnaient. Autre élément qui m'a beaucoup motivée, le fait que pas mal de monde – dont une conseillère d'orientation – ait voulu me dissuader de travailler dans ce domaine parce que j'étais une fille...

J'ai intégré Épitech à la rentrée 2013, jusqu'à prendre mon poste actuel comme développeuse chez Google, où je travaille sur divers outils marketing dédiés à la publicité ciblée.

Aujourd'hui, vous présidez E-mma, une association qui veut promouvoir la mixité dans le numérique...

Tout à fait ! Le coding permet de créer tout un monde qui n'existe pas et les filles en sont absentes parce qu'elles estiment que ce domaine n'est pas pour elles. Dans les salons d'orientation, elles ne s'arrêtent même pas devant les écoles d'informatique. Elles se disent que ce n'est pas pour elles, suivant en cela le discours de leurs parents et bien souvent de leurs profs. Avec l'aide d'Épitech, je me suis donc lancée dans un certain nombre d'actions et notamment de conférences de sensibilisation organisées partout en France. Aujourd'hui, plus de 500 développeurs et développeuses travaillent pour l'association. Et nous avons sensibilisé plus de 20 000 personnes au coding en 2017-2018.

Un conseil à donner aux jeunes désireux de faire carrière dans ce domaine ?

Je leur dirais de ne pas se limiter. Souvent, on rêve en fonction de ses moyens du moment. Selon que l'on est pauvre ou riche, on s'autorise ou l'on s'interdit certaines choses. Il ne faut pas raisonner ainsi. Les rêves ne doivent pas avoir de limite. Car plus on rêve loin, plus on se donne les moyens d'aller loin.

Antoine Cohet, responsable du pôle marketing et communication d'Electronic Arts France & Benelux

« Tout un univers est en train de se structurer ! »

Aujourd'hui à la tête des opérations marketing du géant du jeu vidéo Electronic Arts pour la France et le Benelux, Antoine Cohet travaille depuis plus de 20 ans dans ce secteur qu'il connaît donc particulièrement bien. Il nous en livre sa vision de professionnel.

Quel regard portez-vous sur l'essor actuel du jeu vidéo ?

Il est difficile d'apporter une réponse toute faite à ce genre de question mais il est vrai qu'entre le jeu physique classique, le jeu vendu en digital, le jeu de micro-transactions ou encore les plateformes d'abonnement, la croissance est aujourd'hui partout. Première raison à ce développement, une appétence accrue du public et bien sûr des 10-25 ans pour les jeux vidéo et les compétitions esport.

Aujourd'hui, de plus en plus de monde vit du gaming, les événements se popularisent, les joueurs professionnels sont plus nombreux, des plateformes comme Twitch se développent rapidement, bref, tout un univers est en train de se structurer, encouragé par une technologie qui en propose toujours plus. Signe que ce secteur a gagné le grand public, le transfert progressif de nombreux budgets publicitaires, autrefois destinés aux médias traditionnels vers l'univers esport.

Si vous deviez donner un conseil aux jeunes qui ont aujourd'hui envie de se lancer ?

Travaillant depuis 20 ans dans le jeu vidéo, j'ai vu ce secteur se transformer complètement et c'est bien cette constante innovation qui fait le charme de cette industrie. Pour y réussir, il faut dès lors savoir innover et se remettre constamment en question. Il faut aussi avoir envie de progresser, être curieux, être capable de travailler dans des équipes très multiculturelles et parfaitement parler anglais.

Enfin, celui qui voudra travailler dans le jeu vidéo ne doit pas limiter ses investigations aux quelques acteurs mondialement connus de notre secteur. Ce domaine d'activité compte en effet de nombreuses entreprises de même que de nombreuses industries parallèles. Beaucoup de débouchés existent, que l'on travaille dans la conception, le marketing, la communication ou encore les médias. Tout sera question, là encore, de curiosité et de flexibilité intellectuelle.

Vanessa Kaplan, cofondatrice et directrice associée du studio Kiupe

« Créer un jeu suppose de partir de l'attente du public »

Après un premier parcours dans le luxe, Vanessa Kaplan s'est lancée en 2012 dans le jeu vidéo en montant avec trois associés le studio Kiuppe spécialisé dans l'édition d'applications de mathématiques ludiques.

Pour quelles raisons avoir fondé votre propre studio de jeu vidéo en 2012 ?

Nous avons fondé Kiupe pour promouvoir par l'applicatif et le jeu vidéo un rapport décomplexé avec les mathématiques et avec le droit à l'erreur. À l'époque, les tablettes tactiles se développaient. Nous avons donc décidé de nous lancer pour développer une licence nommée Mathews et plusieurs applications de multiplication, de calcul mental et de fractions, sans oublier une série de 20 vidéos coproduites avec France éducation. Nous travaillons par ailleurs aujourd'hui sur une plateforme de jeux vidéo éducatifs. Parmi nos principaux partenaires, nous comptons l'université de Poitiers mais aussi le CNRS.

Lancer sa propre entreprise n'est pas facile, quels ont été vos atouts pour réussir ?

Issue de l'univers du luxe, je n'avais pas beaucoup d'expérience dans le jeu vidéo, mais j'avais envie d'être mon propre patron et de mener un projet qui aurait pour moi un vrai sens. J'ai aussi été accompagnée par trois associés très au fait du jeu vidéo – un développeur, un graphiste et un game designer – avec qui je travaille toujours. Enfin, nous avons bénéficié de nombreux appuis extérieurs. Lyon dispose dans ce domaine d'un écosystème très fort qui peut venir en aide aux entrepreneurs.

Pour réussir, il faut beaucoup de persévérance et de curiosité. Il peut en effet y avoir une grande différence entre l'idée que l'on se fait du jeu vidéo et la pratique du métier. Entre le rêve et une réalité faite de contraintes budgétaires et de plannings, l'écart est important. Il n'est pas non plus toujours facile d'admettre que la création d'un jeu suppose de partir de l'attente du public. On ne crée pas un jeu pour soi.

Emmanuel Martin, délégué général du SELL (Syndicat des éditeurs de logiciels de loisirs)

« Dès 2019, un cahier des charges pour valoriser les meilleures formations »

Alors que le gaming est en pleine expansion, le SELL, Syndicat des éditeurs de logiciels de loisirs, joue plus que jamais son rôle de promotion du jeu vidéo. Notamment à travers la Paris Games Week organisée tous les ans à l'automne. Parmi ses projets pour 2019 : éditer un cahier des charges qui valorisera les formations les plus solides. Explications d'Emmanuel Martin, délégué général du SELL.

Quelles sont les missions du SELL ?

Mis en place en 1995, le Syndicat des éditeurs de logiciels de loisirs regroupe tous les grands acteurs du monde du jeu vidéo, des constructeurs de consoles aux grands éditeurs. Notre premier rôle : représenter le secteur auprès des pouvoirs publics. Nous accompagnons aussi l'impact sociétal du jeu vidéo, par exemple en communiquant autour du PEGI, c'est-à-dire la classification des jeux homologués par l'État depuis 2015. Autres missions : produire régulièrement des enquêtes sur notre secteur d'activité et organiser chaque année deux principaux événements dont la Paris Games Week qui regroupe à l'automne tout l'écosystème français et international autour du gaming : éditeurs, écoles, associations et entreprises, des petites start-up aux grands groupes internationaux.

Le jeu vidéo est aujourd'hui en forte croissance… Comment expliquer ce phénomène ?

Cette expansion vient de ce que nous sommes passés en une vingtaine d'années d'un loisir de niche réservé aux chambres d'ados à une activité qui, désormais, parle à presque tout le monde... Avec les smartphones et certaines consoles innovantes, le gaming a pu gagner tous les environnements avec pour l'utilisateur la possibilité de jouer sur des petites applications développées en quelques semaines ou de s'immerger dans de grands univers virtuels dont la conception aura coûté des centaines de millions de dollars. La première génération de « parents gamers » est par ailleurs apparue ces dernières années, avec un rapport au jeu tout aussi naturel qu'il l'était avant avec la musique ou les livres. L'âge moyen des joueurs est passé à 39 ans, et plus de la moitié du public féminin joue régulièrement... En bref, tout a changé ! Aujourd'hui, on estime que le jeu vidéo représente 10 000 emplois directs en France pour un chiffre d'affaires d'environ 4,9 milliards d'euros en 2018.

Dernier point important : le très bon positionnement de la France dans ce secteur, avec une culture ancienne du jeu, de grands créateurs, des entreprises toujours présentes parmi les leaders mondiaux, et un vrai soutien des pouvoirs publics. Sans oublier des formations reconnues sur toute la planète.

De nombreuses écoles apparaissent justement dans le gaming. Comment s'orienter au milieu de cette variété ?

Nous sommes aujourd'hui vigilants à surveiller la qualité des parcours proposés aux étudiants. Si le marché est en croissance, il ne crée pas en effet un nombre infini d'emplois. Notre conseil est donc de se renseigner sur l'ancienneté des formations et leur sérieux avant de faire un choix. Nous comptons par ailleurs mettre en place dans le courant de l'année 2019 avec le Syndicat national du jeu vidéo et France e-sport un cahier des charges qui voudra distinguer les formations les plus solides et intéressantes tant dans la production que l'édition et l'esport.

Julien Villedieu, délégué général du SNJV (Syndicat national du jeu vidéo)

« Le jeu vidéo, fait culturel et transgénérationnel ! »

Julien Villedieu, est délégué général du Syndicat national du jeu vidéo. À ce titre, il bénéficie d'une position privilégiée en tant qu'observateur des grandes tendances à l'œuvre dans le monde du gaming.

On dit aujourd'hui le jeu vidéo en grande forme. Confirmez-vous ?
Absolument. Le jeu vidéo est passé du statut de loisir d'initié à celui de fait culturel transgénérationnel. On a ainsi assisté à une forte évolution du nombre de joueurs. 74 % de la population déclare en effet aujourd'hui jouer régulièrement, dont 50 % de femmes. L'âge moyen du joueur est par ailleurs passé entre 2005 et 2019 de 29 à 39 ans. En clair, les parents d'aujourd'hui sont les joueurs d'hier, ce qui implique dans les foyers une acceptation du fait vidéo ludique beaucoup plus forte qu'avant.
Désormais, le jeu vidéo est la deuxième industrie culturelle au monde derrière le livre.

Pourquoi la France est-elle si bien positionnée dans cette industrie ?
La France a toujours bénéficié de grands créateurs, au point d'avoir véritablement lancé des genres dans le jeu vidéo qui font aujourd'hui référence. Notre pays a par ailleurs vu se créer au fil des années de très grands studios tels qu'Infogrammes et aujourd'hui Ubisoft. De nombreuses formations sont par ailleurs apparues, tout d'abord dans le sillage d'acteurs traditionnels comme les écoles d'ingénieurs ou certaines écoles de création artistique, avant la mise en place plus récente de formations spécifiquement dédiées au jeu vidéo.

Malgré tout, l'industrie du jeu vidéo peine encore aujourd'hui à recruter. Les fondamentaux du jeu vidéo – compétences techniques, compétences créatives – restant relativement rares par rapport aux besoins.

Quels sont les métiers qui recrutent le plus ?

Le besoin principal se situe bien sûr dans le domaine de la programmation, puis viennent les métiers autour de l'analyse des données, l'analyse statistique et le comportement des joueurs. Compte tenu de la durée de vie croissante des jeux, le besoin est de plus en plus important de gens capables d'analyser la performance des jeux sur toute leur longueur tout en étant au contact des populations de joueurs. D'où un fort besoin dans le domaine de la programmation statistique sur le comportement des joueurs. Les métiers artistiques et design sont également importants, même si on ne devient généralement pas game designer immédiatement en sortie de formation.

Nicolas Becqueret, directeur général d'E-Art Sup

« Il y a un décalage entre les besoins du marché et les souhaits de formation du public »

École de création, E-Art Sup se tourne de plus en plus vers le jeu vidéo et propose aujourd'hui plusieurs grands parcours dans ce domaine. Explications de Nicolas Becqueret, son directeur général.

Comment E-Art Sup prépare-t-elle aux métiers du jeu vidéo ?
Notre établissement propose tout d'abord un programme en cinq ans de game design où les élèves vont commencer par étudier le dessin, le graphisme, la création et travailler sur des logiciels de production, avant de mettre cet apprentissage au service du jeu vidéo. C'est une vraie formation à la création artistique et aux différentes manières de la déployer dans différents univers ludiques. De quoi aborder la direction de création, mais aussi la gestion de projet, tout cela au service d'une proposition créative et de jeu vidéo.
Nos deux bachelors sont en revanche plus techniques et plus opérationnels. Ils se situent, dans le pipe -ine de la production et de l'animation de jeu, avec deux axes principaux : le game & creative coding d'une part, et le game art de l'autre. En faisant par exemple appel aux compétences d'autres écoles de notre groupe comme Épitech, nous formons des designers qui auront aussi certaines compétences de codeur. Ils auront ainsi la culture tech demandée par ce milieu et les capacités créatives indispensables à leur métier.

Quels candidats accueillez-vous ?
Notre programme en cinq ans accueille principalement des bacheliers STD2A et des bac généraux, notamment sortant de filière S. Des jeunes passionnés de production créative, sans être pour autant effrayés par la partie technologique.

Les formations plus courtes attirent de leur côté des bacheliers classiques mais aussi des personnalités en rupture avec le système scolaire et qui souhaitent se diriger vers ce qui les motive vraiment. De fait, il faut beaucoup aimer le jeu vidéo pour se diriger vers cet univers.

Comment la formation s'organise-t-elle ?

Nos cursus sont répartis en plusieurs grandes phases consacrées les unes à l'acquisition de compétences métiers – dessin code, techniques de production de base, production en mode projet avec l'aide de professionnels – et les autres à l'avancement de grands projets intensifs en mode workshop et master class. Il s'agit alors d'une immersion dans la production de codages, d'éléments graphiques ou de phases de jeu qui seront utilisés dans une production réelle. Les étudiants en bachelor 3 et en master 2 devront enfin réaliser leur propre jeu. Ces travaux sont souvent le meilleur moyen de s'insérer ensuite dans le monde du travail.

Le secteur recrute-t-il autant qu'on le dit ?

Tout dépendra de ce que l'on veut y faire mais il y a en effet des métiers « pénuriques » et très ouverts, comme dans le motion design où le travail sera important. Beaucoup de besoins existent aussi dans l'UX Design. En fait, la difficulté ne vient pas de la pertinence de telle ou telle formation, mais d'un décalage entre les besoins forts du marché dans certains domaines très innovants techniquement comme la 5G, la VR et les souhaits du grand public, bien davantage sensibilisé au cinéma d'animation et aux travaux de studio tels que Pixar qui, pourtant, recrutent moins. Principale raison à ce déséquilibre : le fait que beaucoup de jeunes et beaucoup de parents ne connaissent pas ces domaines innovants. C'est tout le rôle des écoles, donc, que de les former à l'ensemble des technologies et outils disponibles et de les amener à découvrir d'autres univers.

Thierry Debarnot, cofondateur et CEO du Gaming Campus de Lyon

« Le gaming, un secteur précurseur »

Thierry Debarnot a lancé il y a peu le Gaming Campus de Lyon qui regroupe plusieurs écoles dédiées au gaming et à l'esport. Il nous présente ce secteur dans lequel il évolue.

Quelques mots pour présenter les écoles du Gaming Campus ?
Le Gaming Campus a pour objectif de former aux nouveaux métiers du jeu vidéo. Il accueille notamment la Gaming Business School, une école de commerce adaptée au jeu vidéo, délivrant un bachelor (bac + 3) et un master (bac + 5) menant ses diplômés à des métiers de business, de marketing ou encore de communication, mais appliqués à l'univers digital.

En quoi le jeu vidéo et plus largement le gaming sont-ils différents des autres secteurs professionnels ?
Le gaming concerne un corps très large d'activités toutes aujourd'hui en plein développement. On y trouve la création de jeu vidéo, mais aussi toutes les activités liées au client. Un jeu n'est réussi, en effet, que s'il est pensé pour l'utilisateur. C'est ce qui lui permettra de trouver son public. On peut donc inclure dans le terme « gaming » l'ensemble des métiers liés à l'étude de marché, la stratégie ou encore la connaissance client.
Ne pas oublier non plus la partie vente, les métiers liés à l'acquisition d'utilisateurs, les métiers liés à la marque, le brand management, la fidélisation, la monétisation, les activités tournant autour des

communautés de joueurs et tout ce qui tourne enfin autour des usages utilisateurs. Autant de domaines où les pratiques liées au gaming sont très innovantes.

C'est-à-dire ?

Comme ce domaine d'activité est très récent, il développe actuellement des pratiques marketing et autres usages très innovants qui vont dans un proche avenir concerner tous les autres domaines d'activité. La communication mise en place pour générer des ventes autour d'un jeu tel que Fortnite est ainsi emblématique des innovations que l'on pourrait retrouver demain partout ailleurs. Comment promouvoir un produit gratuit ? Tel est le défi posé par ce jeu... Cela implique de penser et de mettre en place de nouveaux codes marketing dans un univers où tout se fait par smartphone, par ordinateur ou par console. En d'autres termes, le monde numérique doit innover alors que partout ailleurs, les leviers marketing et vente n'ont guère varié depuis un bon bout de temps. Résultat : les spécialistes marketing du jeu vidéo sont très recherchés par les autres secteurs économiques pour leurs savoir-faire innovants et leur fine connaissance de l'univers digital.
Le secteur du gaming est précurseur, et c'est pour cette raison que les jeunes qui iront travailler dans le jeu vidéo pourront, par la suite, partir travailler dans tous les autres secteurs d'activité.

La croissance du gaming est-elle durable ?

Je pense oui, car le jeu vidéo est en forte croissance depuis déjà plusieurs années. Éditeurs, agences de communication, organisateurs d'événements, ces différents acteurs sont aujourd'hui d'importantes sociétés et continuent à afficher de très bons résultats sans oublier de recruter. Pour preuve, le nombre de créations d'emplois qui augmente chaque année. Quant à l'esport, si les chiffres ne sont pas encore très importants, ils progressent néanmoins rapidement.

Fait très révélateur : certaines marques ne venant pas forcément du jeu vidéo comme Puma, Google soutiennent aujourd'hui des équipes esport. One Plus est le principal sponsor du n° 1 européen Fnatic. Renault, Audi ou encore Kia Motors sont par ailleurs sponsors de grandes compétitions européennes et mondiales. Tout cela devient intéressant. Et nous n'en sommes qu'au début !

Benny Scetbun, directeur pédagogique France de 42

« Donner sa chance à tout le monde »

Emblématique de ces nouvelles écoles d'informatique apparues ces dernières années, l'École 42 diffère largement des formations classiques. Explications de Benny Scetbun, directeur pédagogique France de l'établissement.

L'École 42, bien que toute récente, est déjà emblématique du monde informatique... Pourriez-vous revenir sur sa création ?
42 est apparue à une période où il y avait un fort besoin en compétences informatiques. Et on voit bien que cette pénurie n'était pas parole en l'air ! Aujourd'hui encore, alors que beaucoup d'autres formations sont apparues, le marché est exsangue de développeurs et tous nos diplômés trouvent du travail.
L'École 42 est également née de la volonté de Xavier Niel de donner sa chance à tout le monde et pas seulement aux jeunes capables de se payer une grande école. D'où cette ouverture à un large public, sans limite d'âge. Autre principe essentiel, la gratuité de la formation, grâce au financement de Xavier Niel lui-même puis d'une fondation, ce qui a permis de pérenniser l'établissement.
Dans cette opération, finalement, tout le monde est gagnant : en effet, les jeunes qui sortent de cette école vont nourrir de leurs compétences un bassin industriel et technologique dont Xavier Niel tire son chiffre d'affaires. C'est tout l'intérêt, sur le long terme, d'investir dans la formation.

Est-il facile de former des développeurs alors que les technologies évoluent très vite ?
Plus que de former ses élèves à telle ou telle technologie, l'École 42 veut avant tout former ses étudiants à apprendre par eux-mêmes.

Le secret, c'est la capacité à s'adapter. C'est pour cela qu'on leur propose par exemple d'apprendre le langage C qui donne les bases pour acquérir par la suite de nouvelles connaissances. Il suffit pour maîtriser différents langages de connaître quelques paradigmes.

Quelles qualités faut-il pour réussir dans ces métiers ?

Il faut avant tout s'avoir s'adapter. Deux autres qualités me semblent ensuite importantes, mais pas forcément nécessaires. Il faut tout d'abord être consciencieux afin de programmer de la manière la plus fine possible pour éviter les bugs. Et enfin il faut connaître ses limites. Nul besoin pour être un bon développeur d'être un tueur en code et de pouvoir coder très vite ! Il faut juste bien travailler, et tenir ses délais. Celui qui code très vite mais qui va laisser passer des erreurs et rendre ses travaux en retard sera bien moins apprécié qu'un codeur peut-être moins talentueux mais plus sérieux. C'est tout le principe du travail en équipe, que ne maîtrisent pas toujours certains professionnels. Pour réussir, nul besoin d'être le meilleur. Il faut juste savoir ce que l'on vaut.

Emmanuel Carli directeur général d'Épitech et de la Web@cadémie

« L'informatique : faire de l'innovation son métier »

Très réputée dans le monde informatique, Épitech est aujourd'hui présente sur 13 campus en France et à l'étranger. Emmanuel Carli est directeur de cette institution et d'une autre école du même groupe de formation : la Web@cadémie.

Sur quels principes l'école Épitech fut-elle fondée ?

L'école Épitech a été créée à la fin des années 1990, à une époque où tout s'accélérait. Internet prenait du poids, les premiers navigateurs étaient déjà performants. Google n'allait pas tarder à arriver, on parlait Linux et Open Source... L'école fut pensée comme un établissement dans lequel serait privilégié le mode projet.

Épitech est une école généraliste qui s'adresse aux étudiants souhaitant faire de l'information et de l'innovation leur métier. Ils débutent par deux années d'apprentissage des fondamentaux de l'informatique au cours desquelles ils vont par exemple étudier le langage C, un passage souvent difficile, mais très instructif. Puis seront proposées d'autres technologies, le C++, Objet, Java, Dotnet, etc. En troisième année, nous allons montrer aux élèves que l'informatique est une science à 95 % appliquée, en leur apprenant à identifier les problèmes autour d'eux pour y travailler et trouver les technologies à mettre en œuvre pour y remédier. Ils suivront également des cycles de conférences pour comprendre l'informatique dans les divers secteurs industriels.

Épitech propose une scolarité sur cinq ans, alors que beaucoup de nouveaux parcours s'ouvrent aujourd'hui, qui ne durent que quelques semaines ou quelques mois…

Je suis très réservé sur ces écoles. Car programmer ne consiste pas uniquement à connaître un langage et l'informatique ne s'apprend pas en neuf semaines. Même si l'on vise des formations simples et concrètes, il y a des bases à connaître, qu'on ne peut maîtriser en neuf semaines. Comprenez : le développement n'est qu'une activité informatique parmi d'autres, et pour être vraiment pertinent, il faut aussi un minimum de culture logicielle. Et si nous avons nous-même lancé un format court, la Coding Academy by Épitech, il dure néanmoins jusqu'à 22 semaines et ne reste qu'un point de départ vers un apprentissage tout au long de la vie dont les diplômés seront les acteurs.

Quels sont les métiers qui recrutent ?

Ce n'est pas facile de répondre car les métiers et leurs intitulés changent aujourd'hui très vite. On parle désormais davantage de former des personnes qui sauront produire de l'informatique et s'insérer dans des organisations produisant de l'informatique. Certains vont se spécialiser dans la production de code, d'autres dans la coordination d'équipes, d'autres seront interdisciplinaires… C'est un milieu assez ouvert, et susceptible d'intégrer tous les profils.

Delphine Garnier, responsable pédagogique de la Coding Factory by Itescia

« Un établissement où les jeunes vont coder 24 h/24 »

La Coding Factory by Itescia a ouvert ses portes en 2017 sous l'impulsion de la chambre de commerce et d'industrie de Paris Île-de-France. Explications de Delphine Garnier, responsable pédagogique de l'école.

Pourquoi la CCI de Paris Île-de-France s'est-elle décidée à ouvrir sa propre école d'informatique et de code ?
Lancer cette école répondait à un besoin des entreprises mais aussi d'un certain type de public, désireux de trouver facilement des formations dans ce domaine. La particularité de la Coding Factory est de former selon la méthode Scrum, à savoir une méthodologie de direction de projet largement utilisée dans le monde informatique et qui a été reprise dans l'enseignement. Cette méthodologie place les élèves au centre de leur apprentissage, en en faisant des acteurs de leur formation. Ils sont au centre d'un open space, et régulièrement, un professeur va définir avec eux les notions à acquérir en un laps de temps de quelques jours. À eux ensuite de travailler en équipe sur ces notions en réalisant un projet dont ils feront par la suite une démonstration, Toutes nos semaines sont ainsi organisées sous la forme de ces sprints très énergiques et très ciblés.

Ceci pour des formations d'une durée de un à deux ans...
Exact. Nous proposons tout d'abord un parcours de codeur qui peut être complété ensuite d'un bachelor puis de parcours dans d'autres écoles de la CCI de Paris Île-de-France pour aller jusqu'au bac + 5.

Pour l'instant, ces parcours complémentaires dépendent d'Itescia mais plusieurs rejoindront la Coding Factory dans un proche avenir.

Quels profils recherchez-vous ?

Nous prenons habituellement des jeunes issus d'un bac général, plutôt scientifique, même s'il peut arriver que des bacheliers ES et L veuillent nous rejoindre. Nous accueillons aussi des bacheliers STI2D et certains bacs professionnels, sans oublier des personnes en reconversion. L'important, c'est que l'élèves soit curieux et capable de s'adapter aux problèmes qui lui seront soumis. Nous apprécions les gens capables de travailler en équipe et les personnes les plus polyvalentes possible pouvant travailler sur beaucoup de plateformes et de technologies.

Lors de l'admission, nous demandons à ce que les jeunes nous montrent ce qu'ils ont déjà pu produire, ils devront passer quelques tests d'entrée avec au programme de la logique, de l'algorithmique, un peu de culture générale appliquée au code... Il faut que les candidats aient conscience qu'ils postulent dans un établissement où ils vont coder 24 h/24. Ils ne doivent pas se tromper d'adresse. Nous les testons aussi sur ce point...

Romain Paillard, cofondateur du Wagon

« Nous formons des diplômés capables de travailler en totale autonomie »

Le Wagon fait partie aujourd'hui des bootcamps les plus connus, lui qui forme des codeurs dans 34 villes en France et à l'étranger. Romain Paillard, cofondateur, revient sur ce concept.

Quel modèle de formation le Wagon propose-t-il ?

Le Wagon a organisé sa première session de formation en janvier 2014. Nous proposons un parcours de développeur Web selon un modèle fullstack qui va aborder toutes les couches de l'application Web. Une fois sortis de nos murs, nos diplômés pourront alors travailler en totale autonomie, de quoi chercher du travail comme développeur junior, ou encore travailler à leur compte soit au service d'entreprises, soit au service de leur propre projet.

Évidemment, nous ne proposons pas le même savoir que les écoles en cinq ans. Notre objectif, c'est de faire de chaque personne un développeur autonome sur le développement d'une application Web. Nos diplômés ne seront pas des ingénieurs informaticiens, ils n'iront explorer toutes les couches de la machine, mais feront du Web, du HTML ou encore du CSS. Notre but, c'est avant tout d'être pointu sur un outil, Internet, et dans le développement d'applications Web.

Plus que de répondre aux besoins des entreprises, nous voulons répondre aux besoins de nos élèves qui sont souvent des personnes ayant besoin de reprendre confiance ou de mieux se projeter dans la vie professionnelle. Des gens qui pourront ensuite évoluer.

Qui sont vos élèves ?

Bon nombre de nos élèves sont des jeunes achevant leur cursus en grande école. Des jeunes issus d'école de commerce, d'école d'ingénieur, nous avons même des polytechniciens. Pour eux, le Wagon représente un complément de formation. Autre groupe d'élèves, des personnes en reconversion professionnelle souhaitant changer de carrière et qui viendront chez nous dans ce but. Nous pouvons ainsi accueillir d'anciens avocats, ou des personnes qui travaillaient dans le secteur médical.

Aujourd'hui, notre formation est en pleine croissance, mais cette progression n'a pas toujours été linéaire. Fin 2018, nous avions formé 4 000 personnes, dont 1 800 sur la seule année 2018. Nous proposons quatre promotions par an.

Et comment vos diplômés s'insèrent-ils professionnellement ?

Nos diplômés intègrent beaucoup de petites et de grosses start-up. Nous avons aussi beaucoup de diplômés chez des acteurs comme Google ou Amazon. Sans oublier des entreprises plus traditionnelles. Nous faisons tout pour favoriser leur intégration professionnelle. Nous comptons ainsi pas moins de 300 entreprises partenaires à Paris, avec qui nous échangeons régulièrement. À la fin de chaque session de formation, nous allons aussi organiser des sessions carrières, avec des ateliers orientés recherche d'emploi. Une personne terminant notre programme et suivant ensuite ces sessions pratiques de recherche trouvera un emploi de développeur junior dans les deux à trois mois.

34/38, rue Camille-Pelletan - 92309 Levallois-Perret cedex
Imprimerie CPI Bussière - 18200 Saint-Amand-Montrond
Imprimé en France - 4e trimestre 2019 (2047192)

Service éditorial : Benjamin Dias Pereira, Deborah Lopez,
Conception graphique : Catherine Aubin

Dépôt légal à parution
ISBN 978-2-7590-4109-1